上江洲　均　著

おきなわの民俗探訪

——島と人と生活と

沖縄学術研究双書・11

榕樹書林

本書の刊行を見ることなく身罷られた
故上江洲均先生への心よりの哀悼の意を込めて
本書を上梓いたします。

——編集・刊行に関わった友人・知人一同

目次

第二章　祭祀の世界

まえがき

農漁村や離島の民俗を調査研究する愉しみは、多くの人々とりわけ伝承者に接する悦びである。その土地の人の話を聴いてその地域の歴史を知る。そこに暮らしてきた人々の歴史を身近に感じることである。

民俗の調査研究は、地域研究である。「郷土で研究する」と柳田國男は言った。しかし、その前に「郷土の調査研究をする」ことが前提である。これを欠かせば郷土で研究することは難しい。

若い頃、何も知らない私たちが、民俗研究のサークル活動を始めたのは、米軍統治下にあって、琉球・沖縄のことを知りたいということからであった。欧米文化至上主義がはばをきかせるなかで顧みられない郷土の文化とは何か、守るべきものはないのか、守れないならば記録に残す必要はないかと話し合ったのである。米国産のウイスキーを飲み、泡盛を「島酒」と呼ぶのは良いとして「シマーグワー（島小）」と卑下する。米軍統治下にあった当時、政治的に保守系の人々は、米国の新しい文化を取り入れることに精力を傾注した。逆に革新系の人々は、本土復帰運動に力を注いだ。

当時の学生運動の主要な流れは、一日も早い本土復帰と反安保であり、そして自らのアイデンティティーを求めるものであった。

福島県の博物館に長年務め、その学芸員活動により、博物館学芸員の芥川賞といわれる「棚橋賞」を日本博物館協会から受けた友人がいる。定年退職の講演会で「地域に生き、地域に学んだ」と地域に感謝し、「郷土史家」と呼ばれることを誇りとしなければならない、と述べた。全く同感である。地域研究の積み重ねこそが重要である。

この度、専門誌や新聞・研究報告書などに掲載してきた拙文を集めてみた。もとより、一つのテーマでないので、まとめることが大仕事であった。私自身民具研究の側から社会や生活を見てきた。その一方、琉球文学にも芸能にも関心がある。その一部を取り上げてみたのである。

二〇一六年七月

上江洲　均

第一章　ムラの民俗

一、おきなわの生活文化

はじめに

沖縄は九州の南西に位置し、奄美諸島からさらに南、台湾との間に弧状をえがいて点在する島々からなる。古くは「うるま」とも「南島」とも言った。琉球諸島、南西諸島とも呼ばれてきた。「南島」は八世紀の大和朝廷の記録に登場し、そのなかに「阿児奈波《あこなは》」とあるのは「沖縄」の古い呼称で、「沖縄」と表記した新井白石著『南島志』はよく知られているが、それより百年近く前の一七世紀初め、薩摩の記録にすでにこの文字が出ている。(1)

一方、中国では古くから「流求」と書き、後の時代に「琉球」の表記になる。琉球は奄美を含めた列島全体を指すが、一六〇九年の薩摩侵攻によって琉球国は奄美を失うこととなった。この二つの呼称が、日本と中国という両大国のあいだに呻吟《しんぎん》した小国の姿でもある。

しかし、文化的には両者の優れたところを吸収し、独自の文化を築いたのである。言語や習俗などの基層的な文化は、九州から南下したものが多く、その上に中国文化がかぶさったとする考え方が妥当のようである。しかし、それ以前のことについて、東アジア的な文化の比較研究は緒に就いたばかりである。

古い時代の話はおくとして、ここ数百年のことでみるならば、「日本」と「中国」のあいだに位置することの大きな意味を知らされる。このことはいろいろな面にあらわれる。沖縄の位置がたとえばかつて捕鯨基地として重要だったということが、その後、政治的戦略的な面で重視されることとなり、一八五三年に来島したペリー提督率いる黒船へとつながっていくわけだが、第二次大戦後は「不沈空母の島」とか「太平洋の要石《かなめいし》」などと呼ばれ、その後の世界情勢に左右されることとなってしまった。

現在の沖縄県は、本土復帰から四〇年を過ぎたが、いまだに基地の重圧が大きくのしかかる。「日中両属」の時代を「日米両属」の時代と現在に置き換えるのは大げさになるが、ここにきて「沖縄ことば」の再生運動に見られるように、みずからのアイデンティティーを求める動きが大きなうねりになりつつある。今日的なことも念頭におきながら、沖縄の生活文化について述べていきたいが、「古い姿」といえば、戦前の、そしてその影をおとす現在について紹介することになる。

(一)　衣食住

住まい

沖縄の古いムラは、泉を囲むように形成され、草分けの古い家系を後方にして、新しい分家が前方へと広がる。古い家は、ムラ祭祀と関わりをもっている。屋敷は台風にそなえて石垣や生垣、屋敷木で囲っている。屋敷木は地方により違いが認められるが、島ではガジュマル（榕樹《ようじゅ》）が好まれ、一七、八世紀ごろからはフクギが植栽されるようになった。その他に、用途の大きい竹（ホウライチク）や仏桑華《ぶっそうげ》・ユウナの木などを植えた地方もあった。フクギは、古い記録には「鉾木」とある。樹形が鉾に似ているところから、「ホコギ」といい、沖縄言葉での発音では「フクギ」となる。それに好字の「福」の字を当てたと思われる。

屋敷の門を入ると正面に石積み、または生垣による中垣がある。これをヒンプンという。中国の「屏風《びょうぶ》」垣の影響を受けたとされ、いわゆる邪鬼を祓う意味があるといわれる。[2]屋敷内で優位の方位は、南向きを基本として東方であり、屋敷神は東に畜舎は西に配置している。時に屋敷には望ましくない場所に位置することがある。T字型道路の突き当たりにある屋敷では、魔物が侵入するおそれがあると考えられている。そこへ「石敢當《いしがんとう》」の文字を刻んだ石を立てる習わしがある。中国の古い習俗が伝わったもので、魔物を祓う力をもつ霊石とされている。現在では日本各地に見られ

ヒンプンとシーサー
（渡名喜島）

石垣と屋敷木（フクギ）
（渡名喜島）

るが、沖縄ほど数多く伝わっている地域はない。(3)

屋根にシーサー（獅子《しし》）を置く習俗も沖縄独特である。その淵源も中国大陸に求められるが、王国でも城門や宮殿の屋根に、あるいは玉御殿《たまおどん》（王家の墓陵《ぼりょう》）に置いているのは、魔除けであると同時に権威の象徴でもあった。王国の支配層から地方の庶民まで普及したのは、近代以後といわれる。屋根獅子については、明治の半ば、民家にも瓦葺き住宅が許可された結果、可能となったのであろう。

古い時代、人々の住まいはどのようなものであったか。古歌謡に大意次のように歌われている。

「四角の礎石に四角の柱、チニブ（網代《あじろ》編《あ》み）の壁、丸垂木と、
その上に張る真竹のエツリ、屋根は茅でふく」(4)

これは礎石に柱をのせ、柱と柱を貫木でさして丈夫にした家屋で、身分の高い人の殿舎である。一般の人の家は地面に穴を掘って柱の先端を埋めた穴屋《あなや》であった。一五世紀の前半に来島した中国人柴山《さいざん》は、「巣居穴処《そうきょけっしょ》する…」と記録している。(5) 巣居穴処とは、先史時代からつづく竪穴《たてあな》住居のような家、つまり穴屋《あなや》ではなかっただろうか。一六世紀前半、冊封使陳侃《ちんかん》の見た首里の都も、瓦ぶきは少なく、王宮殿さえ板ぶきであった。

民家に瓦ぶきが許されるようになったのは、一八八九（明治二二）年であり、その後地方にも瓦ぶきが普及した。民家の屋根型は寄棟造りが一般的で、入母屋造りは仏閣に多い。古くは切

穴屋（掘立屋）
（1970年頃　久米島）

妻造りも多かったことと思われるが、近年は畑小屋や畜舎に見られるだけになり、住まいとしての事例はほとんど見られない（戦時中の避難小屋は、ほとんどがこの屋根型であった）。

母屋の間取りは、普通の民家では田の字型が多い。表東側を一番座といい、床の間すなわち客間であり、西側を二番座と呼ぶが、二番座は仏間である。裏座は寝室で、二番裏座にはジール（いろり）を設けており、妊産婦のいる家では産室となり、時には冬の老人の暖をとる部屋になった。

台所は別棟であったが、瓦ぶきになったころから、地方でも母屋と繋がるようになった。台所には煮炊きをする竈《かまど》があり、かつては三個の石を鼎状《かなえじょう》に置いたものであったが、土竈になり、煉瓦の改良竈へ、さらに石油コンロ、ガスコンロや電気コンロへと進んだ。三個の竈石は、火の神の常在する場所であり、しかし竈の変化により、小さな三個の石で火の神を象徴するようになった。現在の都市生活では、小さな香炉を置くことによって火の神の存在を表している。

衣　服

一四五〇年、トカラ列島臥蛇島《がじゃじま》へ漂流し、のち那覇へ移され、琉球での見聞を報告した朝鮮漂流民万年《まんねん》・丁録《ていろく》らの見たものは、次のような風俗であった。

「婦人は広袖衣《ひろそでい》の長衫《ちょうしん》（長い上着）の如きを着し、あるいは短襖《たんおう》及び裙《くん》の繍《しゅう》なきを着す」

というものであった。(6) この服装は、服飾研究者のいう一部式と二部式の衣服である。長い上着を着た者と腰から上の胴衣《どうい》（短襖）とスカート状の裙（沖縄のカカン＝裳《も》）という上下二つからなる服装であったことが分かる。

この朝鮮漂流民よりおよそ八〇年後の一五三四年に来島した、中国の冊封使《さくほうし》陳侃《ちんかん》の使録『使琉球録』によれば、

「女子は頭上に帷《とばり》のようなものをかぶり、人に会うとこれを下ろして面を蔽《おお》う」

というのである。(7) 上着と胴衣・裙のほか被衣《かずき》の風俗があったことも分かる。ただし、彼ら外国人の見聞した場所は、大方首里や那覇という都市地区に限られており、上層の子女が対象となっていたと考えられるが、庶民レベルまでこの二部式の服装が浸透していたかどうかということについては、明らかでない。胴衣と裙に被衣という女子の服装は、近代に入ってからも良家の花嫁衣装に痕跡をとどめていた。あるいは舞踊衣装に残っている。被衣だけをみれば、葬列の白芭蕉衣を頭にかぶる習俗が戦前までは残っていた。

琉球では、尚真《しょうしん》王治世の一六世紀初め、貴賤による簪《かんざし》の制や、ハチマキ（冠）の五色による身分制度が確立した。(8) およそ一五〇年後の一六七〇年には、諸士の系図編纂の動きが進み、士農の分離がいっそう明確化し、服飾による身分制度もより細分化、複雑化した。

古くは権威の象徴でもあった服飾は、身分の確立がより進むにつれて、服飾の素材・色調・文様・織り方にいたるまで制限が加えられた。上層では中国の絹織物の着物も着

役人のハチマキ（冠）
（久米島博物館保管〔寄託品〕）

用された。苧麻《ちょま》は古くから栽培された。糸芭蕉の糸で織った芭蕉布《ばしょうふ》は身分の上下に関わりなく広く着用された。芭蕉糸を精製した無地物のシルチョー、黒染めのクルチョーは、王国時代の式服であった。糸の細かさや柄の入れ方や大きさによって、身分の上下の違いを表し、あるいは晴れ着、普段着、仕事着、寝着にもなった。木綿は一七世紀初め薩摩から伝えられて栽培されるようになった。

色調では、鮮やかな色は上層階級のものと規定され、特に黄色は王族の御用色とされた。これに対して庶民の色といえば藍《あい》や黒、芭蕉布の地色の薄褐色であった。織り方では、庶民の平織《ひらお》りに対して、紋織《もんお》り系の絽織《ろお》りやロートン織《お》り、花織《はなお》りなどは規制のかかった織物であった。

絣《かすり》の技法は、東南アジアとの貿易を通じてもたらされたといわれ、数百もあるといわれる絣デザインの単位は、組み合わせることによって、限りない数の絣文様を生み出した。後年「染織文化」として花開くことになる。それは一五、六世紀ごろ琉球の貿易船による中国・東南アジアを結ぶ中継ぎ貿易が、ヨーロッパ勢の東漸によって不振となり、政策変更を余儀なくされた結果でもある。

内外の需要に応じて、陶芸を興し、漆器を貿易品にするべく貝摺奉行所《かいすりぶぎょうしょ》を設置し、一流の木地師《きじし》や絵師、塗師《ぬりし》がその技を競った。織物は産地形成を進め、高度な紋織《もんお》りをもつ首里織物をはじめとして、八重山の白絣、宮古の紺絣《こんがすり》、久米島紬《くめじまつむぎ》、それに読谷山花織《よみたんざはなおり》などがある。近代以後も小禄《おろく》の紺絣、南風原《はえばる》の「喜屋武《きゃん》・本部《もとぶ》」と呼ぶ絣織り、それに大宜味村喜如嘉の「芭蕉布」などがよく知られている。昭和一〇年代に、沖縄県の民芸品調査で来島した柳宗悦《やなぎむねよし》は、沖縄を「染織りの天国」[9]といったほど、沖縄は絣をはじめとする織物の島であった。

沖縄の工芸は他国との交流によって発展してきた。織りの技術は、中国や東南アジアの影響を強く受けてきたといわれている。絣の技法が東南アジアから入り、従来沖縄がもっていた技術に加えられて今日に至ったと考えられるのである。そのなかにあって染物のビンガタ（紅型）は、図柄や色彩のうえで友禅染との関連性が指摘される。ビンガタの場合は一度京都あたりで技術的に整えられた後、沖縄で独自の美しさに熟成したのではないか、という見方もある。[10]

　服飾に話をもどすと、胴衣と裙の服装は、神女《しんじょ》の着る神衣装《かみいしょう》と琉球舞踊の衣装にとどまり、長い上着が一般的になった。その過程において女性の帯は未発達のまま下帯として残されるが、後世和服の影響をうけて幅の小さい帯が普及する。しかし、それも前結びという古風な着装であった。一方、男性は大帯《おおおび》・掛《か》け帯・角帯《かくおび》などがあり、礼装に数えられるほどに発達した。

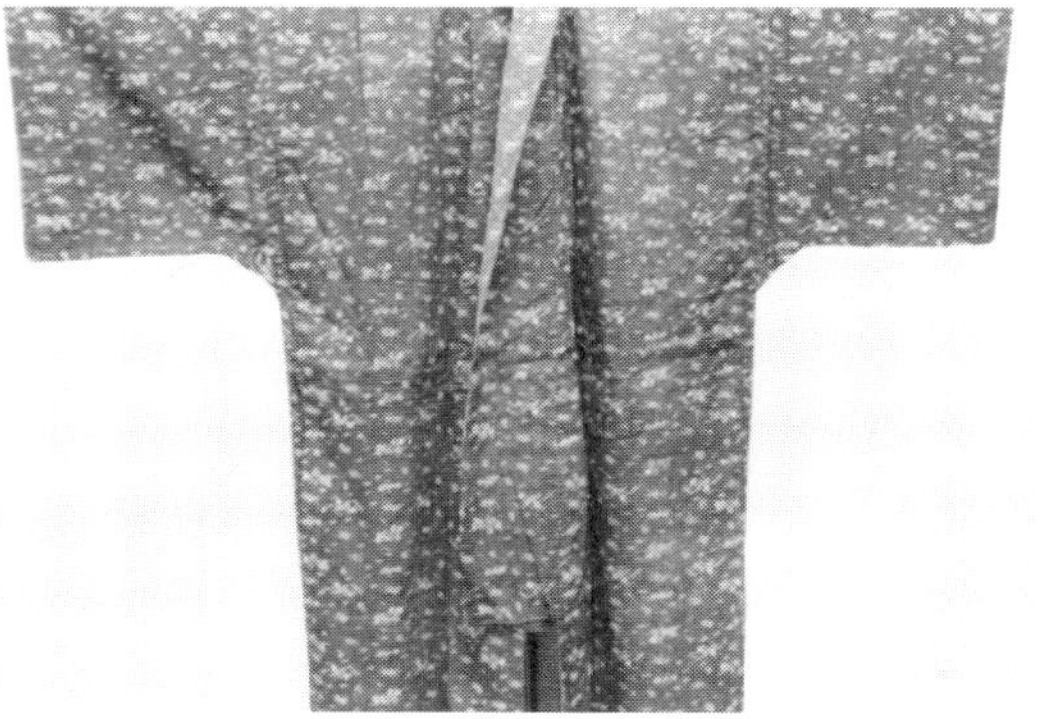

女性用着物
（久米島博物館保管〔寄託品〕）

　肌着では、男子役人は胴衣にハカマ（長猿股《さるまた》）であり、庶民は六尺褌《ふんどし》を着用し、後に越中褌《えっちゅうふんどし》に変わった。女子も都市部では、猿股状の短いハカマと襦袢《じゅばん》の組み合わせであったが、庶民ではメーチャーと称する越中褌状のものを、男子とは逆に着用した。

　下駄《げた》や足袋《たび》、草履《ぞうり》などの履物《はきもの》、かぶり物の傘《かさ》は上層のもので、庶民は履物がほとんどなく、被り物は、労働に適した笠《かさ》を頭にかぶった。クバ（蒲葵《びろう》）の葉で作ったクバガサがその代表である。晴天用としては、他にムンジュルガサ（麦わら笠）があった。蓑《みの》には棕櫚《しゅろ》皮《かわ》製を最上として、菅草《すげくさ》製、クバの葉製などがあった。

食生活

稲作は島々にいたるまで、隆起珊瑚礁の島以外の多くの島々で広く行われていたが、米を主食にできたのはごく一部の人々で、庶民の多くは、雑穀や根菜類（里芋・田芋）を食用していた。一七世紀の初め、野国総管《のぐにそうかん》という役人により、中国から導入された甘藷《かんしょ》が広く栽培され、主食の座を占めるようになった。台風や旱魃・流行病等による飢饉《ききん》常襲地帯であった琉球にとって、甘藷は救世主的存在であった。甘藷はかつて「唐芋《からいも》」と呼ばれて全国に普及するが、その入国先をあらわして「薩摩《さつま》芋《いも》」と呼び、今日にいたっている。琉球から伝来した「芋」なので「琉球イモ」というべきところが、そうではなかったところに当時の琉球国の力量を示しているように思われる。この芋は煮て食べるだけでなく、いろいろな料理に加えることもあった。また、生の芋をおろし金に摺って澱粉《でんぷん》を採り、普段とは変わった時の料理に、あるいは保存食として、利用価値の高い重要な食品となった。

行事食として欠かせないのが豆腐である。水にひたした大豆を石の碾臼で碾《ひ》き、桶のなかで木綿袋で粕《かす》を取り除いて残った汁を大鍋で煮る。それにニガリを加えて凝固した状態の豆腐をユシドーフといい、その一部を小鍋に分けて少しの調味料を加えるだけで、手軽にとれる蛋白源として広く親しまれた。箱に入れて固めた豆腐は、野菜とともに炒《いた》め物（チャンプルーという）にしたり、揚げ物、揚げ豆腐にしたりする。揚げ豆腐は行事料理の重箱詰めに欠かせない品である。煮物や炒め物、揚げ物と家庭料理に登場する比率は大きく、豆腐をしのぐ食品は少ない。しかし、現代人の食生活に欠かせない豆腐も、時代を遡れば、石製碾臼の普及が少なくそれほど豊富ではなかったと思われる。

沖縄の料理は、基本的には煮物・蒸し物でしめられた歴史が古いが、いつの時代からか炒め物や揚げ物が多くなった。それは近世紀のことと思われる。チャンプルーやイリチーと呼ぶ炒め物は、たとえば「ゴーヤーチャンプルー」のように、今では県外にも広く知られるようになった調理法である。

重箱料理に欠かせないもう一つは、昆布である。北海道産の昆布を最も多く食用しているのが沖縄だといわれる。それは中国への貿易品として取り扱った歴史に深い関係があるといわれている。昆布も煮物や刻み昆布の炒め物として家庭でもよく食されている。

肉食といえば、これも沖縄の食の特性であろう。かつては豚や山羊の飼育を奨励しており、特に養豚が盛んに行われた。しかしその歴史はそう古くはない。一五世紀の後半、朝鮮人の漂流記（『李朝実録《りちょうじつろく》』）によると、都市部の那覇には種々の家畜肉が販売されているものの、彼らが見聞してきた八重山諸島や宮古諸島には、当時まだ豚は飼育されていなかった。豚肉食が一般に普及するのは甘藷が豊富に生産され、食料の余剰分で養豚が可能になった後のことである。[11] 鶏も一五世紀当時はまだ愛玩用、または神聖視された一面があり、食用に供されてはいない。

豚の飼育法の淵源は中国であり、石垣囲いや木の柵内に飼い、そこを便所にする風習までも受け入れた。「圂《こん》」の漢字を訓読みすると「かわや」である。囲いの中に豕《いのこ》がいる所が便所というわけである。それは琉球諸島ばかりでなく、朝鮮半島や一部東南アジアにも共通する。[12] 各家庭で養豚し、正月前に家ごとに屠畜《とちく》する風物は消えたが、現在は市場であるいは近所のスーパーマーケットで処理された肉を求めることができる。

豚肉はさまざまな調理法がある。大根を加えた肉汁は一般的で、ラフテー（角煮《かくに》）、チーイリチー（血を加えた肉炒め）、ソーキ（あばら骨）汁、ミミガー刺身（耳の酢の物）などがある。三枚肉は重箱料理として重宝される。水煮した肝（レバー）は正月の縁起物であった。

海に囲まれた島々では、魚介類も古くから食の対象であった。都市部で豚肉料理が洗練される一方で、離島においては海産物をムラの祭祀に神饌《しんせん》として供える伝統をのこす地方もある。

石造のフール（豚舎）
（久米島博物館〔元久米島町宇江城〕）

(二) 生業

農耕

小国の琉球でも経済的な基盤をなすのは農業であり、しかも稲作を中心に考えるのは本土と変わりはない。古く稲作は一期作であり、立冬のころ苗代に播種《はしゅ》をし、春の節に植付けをした。種おろしの日のことを「種取《たねと》り」と言うが、種を「播《ま》く」という語をさけて「取る」と逆の表現がなされる。「種取り祭」は大きな行事で、ススキの茎でお箸を作り、海から採ったホンダワラの実を飾るなど、家ごとに静かに予祝《よしゅく》儀礼が行われたが、播種後の予祝行事として、芸能を神前に奉納する地域もある。貧しい家でもこの日ばかりは、モチ米を炊いたものである。時期的には、本土の秋祭りのころであるが、内容的にはこれからの豊作を祈る、本土の春祭りに相当する。

苗代に三、四か月ものあいだ、稲の苗をおいたのには諸説あるが、立冬のころよりも春先に播種《はしゅ》して苗代管理することの方が、難しさがあったと思われる。春の彼岸前後に田植えをし、陰暦六月には収穫する。夏から秋にかけて襲来する台風の時節までには、すべて収穫を終えなければならないからである。

稲作儀礼は、今日でも陰暦で行うことが多いが、四月の「アブシバレー」もその一つである。虫をとりそれに神女が呪言をかけて海へ流す。害虫を封じこめる行事であるが、虫は彼方の楽土ニライカナイからもたらされるのであるから、逆に送り返す意味があるという。[13]

陰暦五月は稲の出穂《しゅっすい》期である。稲の強敵である台風や大雨がこないように祈願する。それが「稲《いな》穂《ほ》祭《さい》」、俗にいう「五月ウマチー」（お祭り）である。この時期は鳴り物禁止で、神女の衣装も白づくめ、行事はおごそかに行われる。古くは「シキョマ」の行事名であったのは、稲そのものを指したもので、未熟米をすりつぶした汁を「シロマシ」と呼んで神前にお供えした。陰暦六月は稲の刈り入れとともに「稲大祭《いねたいさい》」すなわち豊年祭が各地で行われる。新米のご飯を神仏に供え、神女の衣装も色物にかわり、音曲入りで行われる。村々においては、収穫したばかりの稲わらで大綱を作り、

「綱引《つなひ》き」が行われる。六月の「ウマチー（お祭り）綱」、二五日前後の「カシチー（新米の強飯）綱」、七月の「盆綱」、八月の「十五夜綱」と一年でもっとも賑やかな季節となる。

綱引きの綱は、雄綱・雌綱からなり、それぞれの綱の先端に輪をつくり、二つの綱を結合して棒をさして止め、引き合うという娯楽行事であるが、年占いや除災などさまざまな意味も含んでいる。祭りの後には、女性による円陣舞踊「ウスデーク」があったり、男性による相撲が行われたりする。沖縄相撲は腰に結んだ帯を握ってはじめるもので、江戸相撲よりもむしろ韓国のシルム（相撲）に近い感じである。

畑作は古くから行われた。水田の作れない隆起珊瑚礁の島も多く、そのような島では雑穀を主体に生産した。かつて陰暦二月には「麦穂祭《むぎほさい》」があり、国王の久高島の聖地参詣があったほど重要な神行事であった。

忘れていけないのはタロイモ系の栽培である。畑作の里芋と水を好む田芋《たいも》であるが、田芋の茎（ずいき）も食用に供せられる。鈴なりの子沢山の繁盛ぶりを肖《あやか》り、結婚式や出産時の祝い行事食の筆頭に数えられる。里芋をチンヌクと呼ぶのは、たくさんの子どもが「鶴の子」に似ていることから付いた名称という。里芋の日常食に対して田芋は行事食で、冬至の炊き込みご飯に入れ、また砂糖を加えて煮込んだ「田芋デンガク」、それに芋の空揚げなどである。

甘藷は一七世紀初頭、野国総管《のぐにそうかん》という人が中国から導入し、普及させたといわれている。彼は「芋大主《ンムウフシュー》」と人々から敬愛され、かつての飢饉のたえない琉球を救った恩人として祀られている。

サトウキビも中国から導入した。農業技術のなかでも最も進んだのが黒砂糖製造すなわち生産加工技術であった。中国明代の『天工開物《てんこうかいぶつ》』という本[14]には、「二《に》転子三鍋法《てんしさんかほう》」が紹介されている。「転子」とはサトウキビを圧《あっ》搾《さく》して汁をしぼる車輪で、一七世紀の半ば、沖縄で三つ車の三転子が考案された。それは中央の軸になる車を回転させることによって、左右二つの車が逆回転するので、キビを効率よくしぼることができた[15]。車の素材は、木製から石製へ、近代に入り鉄製へと進歩した。戦後琉球政府では、政策的に稲作からサトウキビ生産に転換することになり、サトウキビ生産は基幹産業となった。

砂糖キビ圧搾車（鉄車）
（沖縄県立博物館・美術館）

漁撈

海に囲まれた島嶼県の沖縄であるが、かつて農本主義をとるあまり、漁業に対する振興はほとんどなされてこなかった。そのため港湾の整備がおくれ、大型の漁船もなく漁業と呼べるほどのものはなかった。人々はイノーと呼ぶ珊瑚礁の岸の内、すなわち礁湖《しょうこ》での伝統的な漁撈を続けてきた。イノーは貝塚時代から利用されつづけた漁場であり、魚類や貝類、海藻《かいそう》類がとれる場所で、「海の畑」とも言われる。

漁撈には、釣り漁、潜水漁、突き漁、網漁などがある。沖では烏賊《いか》釣り、鱶《ふか》釣りなども行われた。

戦前の最大の漁法は網漁で、陰暦五月・六月の大潮時に大群をなしてよせてくるスク（アイゴの稚魚《ちぎょ》）

は、神からの贈り物と信じられ、ムラ人が共同で網に追い込み、平等に分け合った。スクは塩辛にして食卓にのぼる。

イノーでは、数人で行う小規模の追い込み漁があった。浅瀬の海面を手でたたいて魚を網に追い込むもので、糸満で「パンタタカー」（糸満以外ではタタチャー）という。これに対して深い海での追い込み漁は「アギヤー」といい、魚を深い海から浅い所に張った網へ追い上げることを意味している。かつて漁村糸満の漁師が得意にした漁法で、数十人の集団で九州や山陰、四国、房総半島、伊豆諸島、海外では南洋諸島や東南アジアの一部でも展開した勇壮な漁法であった。アギヤー漁法は近代にはいってから発達した漁法であるが、原初的なものでは叉手網《さであみ》や竹籠による一人または少人数での漁法からはじまっている。

同じ籠漁《かごりょう》でも「ティール漁」は、筌《うけ》の一種である。円形の籠の上部に入り口をもうけ、返しをつけたもので、餌を入れて海底に沈める。標識をおかず、サンアテ（山当て）の方法で籠の設置場所を確認して引き上げる。

珊瑚礁の上での魚介類の採捕には、初夏の昼間の干潮と秋から冬にかけての夜間の干潮時に行う潮干狩りがある。とくに夜間の漁を「イザイ」という。それは「いさり」のことである。漁《いさ》り火をともし、銛《もり》をもってタコや魚を捕るのである。イザイ漁のタコは、夜間活動する小ダコである。マダコは、昼間珊瑚礁の巣穴にいる。専門の漁師はその巣穴を見つけて捕獲するので、古くからタコツボは存在しない。

先史時代の貝塚からは大量の貝殻が出土する。貝類の種類が豊富なこともあり、その後の民具にもつながっている。タカラガイや二枚貝のシャコガイ（ヒメジャコ）は、漁網の錘《おもり》に、ホラガイは報知具や湯沸かしに、二枚貝では汁杓子に、タカセガイは壷のふたに、ヤコウガイは漆器（螺鈿《らでん》）の素材、スイジガイやシャコガイは魔除けのしるしである。弥生時代の北部九州で出土する貝腕輪は、ゴホウラという南海産の貝殻である。

漁撈用の舟は、松やシイなどの大木をくり削ったいわゆる丸木舟で、「マルキンニ」または「マーキサバニ」と呼んだ。近代になって宮崎県の飫肥杉《おびすぎ》の厚い板が入り、それによって「糸満ハギ」が誕生した。糸満の船大工が作り出した舟なのでそう呼び、厚い板を合わせて造ることから「アーシブニ」（合わせ舟）ともいう。軽く速度の出る舟で、「本ハギ」ともいう。本ハギというのには、戦後平板による「南洋ハギ」が出たからである。これらの舟を「サバニ」と呼ぶが、語源は明らかでない。和船系と違い、鉄釘を用いず、フンドゥー（分銅か）という板楔《くさび》と竹釘によって板と板を接合するところに「糸満ハギ」の特徴がある。

サバニ
（1970年頃　うるま市浜比嘉島）

(三) 信仰

御嶽

御嶽《うたき》は沖縄諸島でウタキ、ムイ（森・盛）やウガンといい、八重山地方でオン、奄美諸島でオボツヤマまたは神山と呼ぶ聖地の総称である。『琉球国由来記』(16)によると、祖霊神《それいしん》、島守神、ニライ・カナイ神、航海守護神に関係する場所と考えられてきた。ムラには一つ以上の御嶽があり、ムラを守護する神の常在する場所といわれている。

御嶽の位置は必ずしも一定しないが、典型的な例として、背後に御嶽があって近い麓にムラの旧家（根所《ニードクル》又は根屋《ニーヤ》という）があり、ムラは前方へ広がる。そのような御嶽は「腰当て」とたとえられる。仲松弥秀《なかまつやしゅう》によると、御嶽がムラをそして村人を後方から抱きしめるように守護する形だという。(17)

御嶽の奥深く中核をなす場所がある。そこをイビという。イビは神の鎮座する所であり、ノロやツカサと呼ぶ神職の女性（神女）しか近づけない。御嶽にはクバ（葵蒲《びろう》）やマーニ（クロツグ）などの木が密生し普段は近づくことさえはばから

御嶽の香炉
（久米島町兼城御嶽）

れる所である。このような御嶽は、琉球諸島全域に存在する。沖縄では、鳥居や神殿をもつ神社になった一部の事例を除けば、自然の森や山川や岩を神のすみかと考えた古代的な信仰を留めているといえよう。

火の神

火の神をヒヌカン（古くはフィヌカン）と一般に呼ぶが、ウカマガミ（御竈神《おかまどかみ》）、ウミチムン（御三物）の呼称がある竈《かまど》の神すなわち台所にまつられている三個の石を依代《よりしろ》とする神である。元来煮炊き場である竈の守護神であるが、のちに家の守護神と考えるようになった。(18)

『琉球国由来記』に、火の神を「アカグチャガナシ」（赤口）とあるのは、炎からの連想であり、「ゼルママ」と呼ぶのは、ジール（地炉＝いろり）との関連で呼ばれた。火の神の祭祀者は、その家の主婦で、正月をはじめ年中行事のなかでは、位牌祭祀に優先して礼拝が行われる。霊前の位牌祭祀《いはいさいし》が男子の祭祀者が主体となり、儒教思想の影響が強く表れるのに対して、火の神の祭祀は女性によってなされる古い習俗とみることができよう。それはかつて、主婦の死去によって竈石の一部を取り替えるという習俗からもうなずける。

一二月二四日を「御願解《おがんふと》き」といい、その年の正月に願掛けしたことに対するお礼、すなわち「結願《けつがん》」である。この日、火の神は昇天し、翌年の正月初めに降臨するというのも道教との習合が考えられる。毎月の朔日と一五日にはお茶湯をあげ、結婚式や赤子の名付けにも火の神に報告してその神意を仰ぐのである。近年シンボルとしての三個の石は見られなくなっているが、都市生活者の間では、小さな香炉を置くことによって、火の神を表している例が多い。

根神

先祖の霊魂は、幾世代をへて行くうちに浄化され、神格化するものと信じられている。家庭の霊前に位牌《いはい》としてまつられているそれ以降の先祖の霊魂は、新しいものに属する。したがって、後生《ごしょう》の弔いが不足だと子孫に〝知らせ〟をする部分は、ここ数代の先祖の霊魂で、年中行事での先祖供養（折目《おりめ》・節日《せつび》という）の際、手厚くもてなさなかったため〝供養不足〟を知らせてきたということを聞く。先祖の霊魂は供養することによって、子孫を守護すると考えられている。一七、八世紀以後王府の令達（行政指導）により、位牌の普及が促進されてきた。[19]

古い家系には、何十代をへた遠い先祖をまつる神棚がある。神棚には位牌はなく、香炉が置かれており、その香炉に線香をともすことによって、祖霊との交信がはかられるとする。代数を重ねた家は香炉の数がふえる。

古い家系の神棚の香炉は、その家の父系の血筋を引く神女が、子孫の願いを祖霊に伝え、祖霊の声を一族の者に伝える。その役目の神女をクディ（クディングヮとも）という。草分けの家を根所《ニードクル》又は根屋《ニーヤ》と呼ぶことは前に述べたが、その家では、父系世襲制の男子と娘を一組として祖霊をまつり、またムラの

旧家の火の神

祭祀にたずさわってきた。時代をはるかに遡っていくと、男子は根人《ニーチュ》といい、ムラの自治をつかさどり、女子は根神《ニーガン》といって宗教的部分を管掌する祭政一致が行われていた。

ノロ

ノロは、王府の祭祀組織のなかで、公儀の祭祀をつかさどる者として任命された女性神職のことである。「ノロ」の語源は、「祈る」または「宣《の》る」という意であり、村落の行事をつかさどることを職務とした。一村または複数のムラを管掌して、ムラの神をまつり、王家の安泰と王族の長寿を祈り、村人の無病息災とムラの繁栄、農作物の豊穣を祈り、下に続く神女の統制をとる役目でもある。

ノロのつとめるノロ殿内《どんち》では、公の「火の神」をまつる。ノロは王府から勾玉《まがたま》や大簪《おおかんざし》、神扇《かみおうぎ》が与えられ、古くは辞令書も交付された。ノロの継承はほとんど父系でなされたが、後世嫁継ぎの事例もある。ノロは奄美諸島と沖縄諸島の村々におり、宮古・八重山諸島にはいない。両諸島にはツカサと呼ばれる神女《しんじょ》がおり、これに相当する役割をしている。ただ明治一二年、沖縄の廃藩置県で都市地区の神職制度は崩壊し、地方にその面影が残されている。

ユタ

職業的に個人の吉凶の占いをする者をユタという。ユタは女性が多く、まれに男ユタがいる。古くは男の占者をトキといい、併称してトキユタと呼ぶのは、いわゆる巫覡《ふげき》のことを指し、神霊や祖霊、死霊と交信し、吉凶判断や病気の平癒《へいゆ》祈願などの呪術的な行為をする職能者である。奄美・沖縄諸島ではユタといい、宮古諸島ではカンカカリャー（神がかり者）、八重山でニガイビー（願う人）またはカンピトゥ（神女《カミンチュ》）という。ノロが世襲的神職であるのに対しユタは世襲ではなく、個人的な特殊能力によって成巫《せいふ》する。そのような女性はサーダカ生まれ（特殊な能力をもつ者）といわれる。

　ユタになる過程では、神ダーリ（巫病《ふびょう》）をともなうことがあり、そのような場合、ユタや物知りによって巫病であることを知らされることが多い。そのような経験をへて現役ユタの指導のもとに、聖地巡拝を重ねてユタとしての知識や技術を習得する。

　ユタの信仰は、祖先祭祀と深く結びついている。それは個々の家の祖先祭祀と結びつき、一族またはムラ単位のクデや根神・ノロとは異なる。たとえば、家庭の異変、すなわち家族の病気や異常死などについて、原因を求めることに対して占いをするが、結果は先祖供養の粗略や位牌継承に問題を求めることが多い。あるいは系譜や出自についても占う。つまり父系の血筋を遵守し、シジタダシ（血筋を正す）が基本的な考え方である。一般にいわれるユタのタブーは次の四例である。(1)長男をないがしろにすること、(2)兄弟が同一位牌にまつられること、(3)他系から男性（夫）をとり血筋を混淆すること、(4)女性の初代先祖、または女性が男性なみに先祖として扱われること、である。

(四) 芸能

近年元気があり、独自の文化として高く評価されているのが、沖縄の芸能である。識者は次のように論評している。「沖縄県民の、自分たちの芸能に対する誇りとこれによせる情熱は、他府県に類例をみないほど大きいものがある。事実、沖縄の芸能は、これを一地方の民俗芸能と呼ぶにはあまりにも多彩であり、貴重なものが多い[20]」。

本土復帰で「組踊」が国の文化財指定を受け、二〇一〇年に「世界無形文化財遺産」に登録されている。その前、二〇〇四年一月、浦添市に「国立劇場おきなわ」が開場し、組踊や琉球舞踊などの公演と後継者養成事業が行われている。

音楽

沖縄の音楽は、テンポの緩やかな古典音楽と、ややテンポの速い民謡（島うた）がある。古琉球と呼ばれた時代は、叙事詩的な歌謡が一般的であったが、一四世紀頃中国から三絃《さんげん》が伝わり、沖縄の三線《サンシン》が誕生した。当初は宮廷楽器として位置づけられたが、時代を追って民間へ普及し、沖縄芸能を支えて伝統楽器と認識されるようになった。三線以前の歌は「おもろ」などのように神や太陽や王・按司《あじ》・神女などを称える歌謡であり、歌舞は鼓によるものであった。三線の伝来によって、叙情的な歌謡へと変わり、民俗芸能の裾野を広げていった。三十一文字の和歌に対して、沖縄の歌は琉歌《りゅうか》といい、八八八六の三十文字である。

三線は一五世紀の後半ごろ琉球から堺へ伝わり、日本三味線に生まれ変わったといわれる。沖縄では貝摺奉行所という部署で、三線の改良が進められた結果、七種の型ができて今日に継承されている。

中国の楽譜を手本に生まれたのが「工工四《クンクンシー》」で、三線の奏法と歌唱法を記述し、稽古をする者のよい手引き書となっている。

組踊

組踊は、音楽・せりふ・所作・舞踊等により構成された総合的な歌舞劇である。王府が中国皇帝の使者である冊封使を歓待する目的で創作させたものである。創作者は玉城朝薫《たまぐすくちょうくん》で、初演は一七一九年であった。彼は生涯を通じて七回も薩摩や江戸上りをしており、能・狂言・歌舞伎など、本土の芸能を鑑賞し、組踊を創作した。

琉球舞踊は、組踊と同等の歴史をもつ「古典舞踊」と近代以後に振り付けられたテンポの速い「雑踊《ぞうおどり》」、近年行われている「創作舞踊」がある。これらは舞台芸能に属しており、さらに近代以後創作されたのが、歌・せりふ・所作・舞踊で構成された「琉球歌劇」である。その他、せりふ劇の「沖縄芝居」がある。

沖縄は、「民俗芸能」の宝庫ともいわれる。ムラの祭り行事にともなう芸能がほとんどである。綱引きや八月の豊年祭などに集中して演じられる。「獅子舞」は、邪鬼をはらい、福を招き入れるとされ、各地で演じられている。「棒踊り」は、棒術の系統を

村芝居で演じる組踊（本部町）

引くもので、ムラの広場で若者によって演じられる。「ウスデーク」は女性だけによって踊られる手踊りで、鼓に合わせて歌い踊る芸能で、古風な舞踊である。同じく円陣踊りでは、宮古の「クイチャー」がよく知られている。

「エイサー」は、もともと陰暦七月ムラの各家庭を巡る盆の踊りであり、念仏歌謡の「七月念仏」のハヤシ詞「エイサー、エイサー」から付いたといわれている。[21] 現在では小学校の児童生徒の間でも、あるいは県外においても演舞されている。

ウスデーク（恩納村）

エイサー（1965年 沖縄市知花）

(五) 沖縄の結婚式と食

冠婚葬祭ほど時代により、変化するものはないと思う。

沖縄では本土復帰により、すべての面で〝中央化〟が加速した。結婚披露宴もその一つで、流行の先端を行っているのではないかと思うほどである。

古い結婚式

琉球国が、沖縄県として日本の一県になったのは、一八七九（明治一二）年のことである。それまでの支配層といえば、儒教思想の固まりで、日本の武家社会同様に結婚も親同士で決めた〝嫁入り婚〟であった。上流では、結婚式までに四つもの儀式があり、その都度祝宴があったといわれる。

さほど上流階層でなくとも、自由結婚は許されず、一定の儀式をへて嫁迎えをするのが通例であった。男方から結婚の申し入れをし、後日内諾を得て男方の代理の者が女方へお礼に行く。これをニフェー（お礼）とかウブクイ（お祝い）などというが、一般にはサキムイ（酒盛）と呼んでいる。本土の結納に相当するのであろう。その時婿方から持参するのは、酒（泡盛）と肴お重で、料理の内容は紅かまぼこ・カステラかまぼこ（卵入り蒲鉾）・白黒のアンダーギー（てんぷら）・煮しめ肉などであった。嫁方では素麺の吸物や焼豆腐を準備し、婿方からの酒により誓約を交わし、婚約成立となった。

鰹節が縁起物として、いつごろから加わったかは確かでないが、料理の結び昆布や揚げ豆腐、素麺の吸物は古くから登場したようだ。料理の中に豚の肝臓の煮物も加えたこともあったという。チム（肝）はこころを表すもので、正月や長寿祝いにも欠かせない縁起物である。白黒のてんぷらとは、白の方は塩味で片方がふくらんでいることからカタハランブーといい、そのふくらみが妊娠を連想させる。黒の方は黒糖入りのてんぷら、いわゆる沖縄ドーナツである。はち切れたところが、〝笑い〟に繋がる。いずれも縁起物である。

いよいよ結婚式。昼の婿入りに続いて夕方の嫁入りである。料理は本膳の前に素麵の吸物が出る。本膳には中味（腸）の吸物、クーブイリチー（刻み昆布炒め）に肴は紅かまぼこ・カステラかまぼこ・ミヌダル（豚肉に黒ゴマをまぶして蒸したもの）等々である。嫁入りの後、霊前の間で「水盛《ミジムイ》」という儀式が行われる。新郎新婦の額に水をつけ、契りを交わす。「寄合い膳」の儀式へ移る。膳には盛飯・ラッキョウ・焼き豆腐などがでる。招待客へは会席膳に素麵吸物・クーブイリチーのほか昆布巻・カステラかまぼこ・ミヌダル・花イカ・白黒のてんぷらなどを盛った皿が出た。鶏飯《けいはん》や豚飯《とんはん》や猪《イナ》ムドゥチ（豚肉やカステラかまぼこ入り白味噌汁）などが出る場合もある。

農村の結婚式

婚礼をニービチという。語源については「女引《めびき》」など諸説あるが、しかしそれは町方の民俗で、かつて農村には正式なニービチはなかったといわれる。農村では、日常の労働やモーアシビ（野遊び）、夜なべなどを通じて若い男女のふれ合う機会が多く、そのまま結婚へ発展することもあった。

一応正式な嫁貰いが行われ、内諸を得て「酒盛《サキムイ》」となる。ニービチを省略した形で、あとは夜ごと男が女の家へ通う「通い婚」（妻訪婚《つまどいこん》）となることも、近代に入った後まで見られたのである。

奪い合う料理

筆者の記憶する、終戦直後の久米島の結婚式である。花嫁を迎えると、二人で霊前に線香を点し、裏座へ移って「寄合い膳」を挟んで箸を取る。裏座の戸口には、悪童どもが儀式の終るのを待ち構えている。箸で一品ずつつまんで新郎新婦の堅めの儀式は終る。そこを待ってましたとばかりに、悪童どもが大皿の肴と一升炊き赤飯を奪って逃げる。それを追って皆が駆けだす姿は、ちょうどラグビーの試合を思わせる。招待客へは赤飯や吸物などのせた会席膳が出された。

現在の結婚披露宴

霊前での結婚式から、現在ではホテルや会館に設けられた神棚やチャペルで式を執り行い、写真撮影、そして披露宴へと移る。招待客は円卓での中華料理や和洋の料理が、大皿で運ばれてくるのを賞味する。

地方でも昭和三〇年代、公民館での会費制から始まる。折箱の料理と一合瓶の泡盛の時代から、現在は前記のホテルや会館へと変わった。お祝儀は普通で一万円。招待客の数は一〇〇人を下らない。二〇〇人から多い場合三〇〇人を超えることも稀ではない。

沖縄は、〝ユイ〟が発達したヨコ社会とよくいわれる。冠婚葬祭すべてにおいてそうで、米寿などの長寿祝いも同様である。会場のステージでは、余興の琉球舞踊などの出し物が組まれ、プログラムは二〇番ほどもあり、三時間におよぶ披露宴さえある。招待客は和洋中の料理を頂きながらステージの出し物を楽しむ。しかし、かつての琉球料理が姿を消した、というのが実情である。

㈥ 墓制・葬制

墓

日本の葬法は、土葬（埋葬）と火葬が支配的である。土葬でも埋葬地に墓標が立ち、拝みの対象となっている単墓制《たんぼせい》と、埋葬地と墓標の場所を別にする両墓制《りょうぼせい》があるが、沖縄の近世後の墓は、どちらかといえば単墓制である。しかし、古くは土葬と風葬があり、風葬が戦後の一時期まで沖縄の支配的な葬法であった。それは支配層に始まり一般民衆にも普及したと考える。

沖縄の墓制や葬法は、日本のなかでは特異であった。ただし、この墓制や葬制は国内では特異であったが、近隣諸国に多くの共通性をもつことを認識しなければならない。

琉球諸島の墓は、先史時代には土葬の板石墓があり、その後は崖下や洞窟を利用した風葬墓へ、土手に横穴を掘りこんだ墓（フインチ墓＝掘り込み）へと変遷をたどる。石灰岩地帯の平坦な島の場合は石を積み回した墓（チンマーサー墓）であり、一七世紀以後中国南部から伝わった亀甲墓《かめこうばか》が造営されるようになった。亀甲墓の屋根は中国福建省あたりの墓を彷彿させる。ただし、福建省の墓が正面に被葬者の名前を刻んだ石碑を立てているのに対して沖縄のは正面に墓口があり、墓室への入り口になっている。内部構造は、石を組み合わせたアーチ状の屋根組みになっている。(22)

亀甲墓
（1753年建造　久米島）

沖縄の墓は、基本的に地下ではなく、洞窟墓や横穴式、石積みであろうとすべて地上である。これは同じ文化圏をもつ奄美諸島と大きく異なるところである。しかしながら、奄美諸島にしても古くは沖縄同様に洞窟墓や横穴式の墓であったが、薩摩の影響または近代に入ってから県の指導による結果である。そして今では土葬になり、あるいは火葬になって、日本的な墓標をもつようになった。

琉球諸島の墓制は家族墓（イエ単位の）が多いが、沖縄本島の中南部は「門中《もんちゅう》制度」が発達している。門中制度とは、父系の親族組織で、時として数百人の集団をもつこともある。その門中単位に造った墓が大きな門中墓《もんちゅうばか》である。

葬制

琉球諸島の葬法は、現在では火葬が一般的であり、古い葬法は一種の風葬である。風葬はもともと崖下や藪の中に遺骸をおいて風に晒し白骨化をまつのである。亀甲墓や類似の墓室をもつ墓に遺骸を置くのも一種の風葬と考えることができる。

葬送から数年後、遺骨を棺箱からとりだし、きれいに水で洗い、骨を厨子甕に納め、墓内奥の石段に安置する。この死者儀礼のことをシンクチ（洗骨《せんこつ》）という。二次葬であり、洗うことや二度にわたる儀礼により、死者の魂も清められるという思想に基づくのである。

墓内のずしがめ
（久米島）

火葬になった現在は、洗骨はない。小規模の離島村では、火葬場をもてないところがある。そのような島では、本島の火葬場を頼ることが多い。近年では、那覇の病院で亡くなり、火葬を終えて帰島する老人や病人が多くなったのが現状である。

注

(1) 原田禹雄訳注『新井白石　南島志』（榕樹社　一九九六年）
(2) 『沖縄大百科事典』下（沖縄タイムス社　一九八三年）
(3) 児玉正任『石敢當』（琉球新報社）
(4) 古い歌謡…「兼城クェーナ」で、南風原間切兼城村、兼城按司の殿舎の造営と按司の長寿をことほぐもの。（『沖縄古語大辞典』角川書店　二〇〇五年）
(5) 郭汝霖『使琉球録』に記録された柴山「大安禅寺碑記」（原田禹雄訳注『郭汝霖　重編使琉球録』榕樹書林　二〇〇〇年）
(6) 池谷望子・内田晶子・高瀬恭子編・訳『朝鮮王朝実録　琉球史料集成　原文篇・訳注篇』（榕樹書林　二〇〇五年）
(7) 原田禹雄訳注『陳侃　使琉球録』（榕樹社　一九九五年）
(8) 沖縄県教育庁文化課編『金石文—歴史資料調査報告書Ｖ』（沖縄県教育委員会　一九八五年）
(9) 柳宗悦「沖縄の思い出」（『柳宗悦全集』）
(10) 岡村吉右衛門「紅型の美」（『琉球紅型の美』西宮市大谷記念美術館　一九八三年）
(11) 注(6)と同書
(12) 金城須美子「長寿をささえる食文化の伝統」（『江戸時代人づくり風土記』47　沖縄　農文協　一九九三年）

(13) 拙著『沖縄の民具と生活』(榕樹書林　二〇〇五年)
(14) 宋応星撰・薮内清訳注『天工開物』(平凡社　一九六九年)
(15) 金城功『近代沖縄の糖業』(ひるぎ社　一九八五年)
(16)『琉球国由来記』(横山重他『琉球史料叢書』東京美術社　一九七二年)
(17) 仲松弥秀『神と村』(伝統と現代社　一九七五年)
(18) 火の神『沖縄大百科事典』下(沖縄タイムス社　一九八三年)
(19)『久米具志川間切規模帳』(一八三一)(『久米島具志川村史』一九七六年)
(20) 注(9)同書
(21) 矢野輝雄『新訂増補沖縄芸能史話』(榕樹社　一九九三年)
(22) 久万田晋『沖縄の民俗芸能論』(ボーダーインク　二〇一一年)

参考文献

窪徳忠『沖縄の習俗と信仰』(「窪徳忠著作集」4　第一書房　一九九七年)
『沖縄県史　各論編3　古琉球』(沖縄県教育委員会　二〇一〇年)
仲松弥秀『神と村』(伝統と現代社　一九七五年)
久万田晋『沖縄の民俗芸能論』(ボーダーインク　二〇一一年)
宮城栄昌『沖縄のノロの研究』(吉川弘文館　一九七九年)
鳥越憲三郎『琉球宗教史の研究』(角川書店　一九六五年)

二、ムラのくらし

はじめに

「シマ」は古琉球の時代から呼ばれてきた「ムラ」のことである。ムラは「群れ」と同義であり、複数のイエの集合体であるムラとなり、古琉球の時代「マキヨ」という血縁集団が各地にあり、それがシマであり、のちにムラとなり、行政区の「村」となる。マキヨは、クダとも呼び、集落名の「許田」に通ずるという。

一方、シマは海上に浮かぶ「島」でもある。この二つの「シマ」が錯綜しつつ、かつ結ばれ、かつ区切られる。集落や島をどう区分し、どう結ぶかということを考えてみるのも、興味深い。先日、ある人の名字をみて「与那国島のご出身ですか」と訊ねたところ、「いいえ、八重山です」と応えがかえってきた。島ことばのちがい、習俗のちがいが区別の基になっているのであろう。その八重山諸島や宮古諸島では、沖縄本島やその中の那覇を指して「おきなわ」と呼ぶ。かつて久米島でも本島のことを「ウチナー（沖縄）」といったものである。沖縄本島は正しくは「ウチナー（沖縄島）」であるので、ふしぎでもない。

火ドーイとヌフドゥドーイ

沖縄本島中部、どこにも海に接していない内陸部に、知花《ちばな》という集落がある。集落の西側に小高い丘があり、その高いところ一帯を知花貝塚と呼ぶ遺跡がある。このような海に遠い内陸部に古くから人が住んでいたとは驚きである。しかし考えてみれば、山林が繁り木の実も豊富に実っていたであろうし、海へも行けなくもない。あるいは海の産物と山の産物を物々交換することもできたのではないか。想像するだけでも楽しくなる知花集落のやや中央に「當《とう》」という家があり栄えた。「とう」という沖縄語は、「平坦」を意味する。平坦な場所は、「当原」や「桃原」の姓にも現れる。小さなヒラ（坂）の多い沖縄の地形では、タイラ（平・平良）・トウは、耕作をするにも理想とする地形だったのだろう。

伝承によれば、遠いむかし北の山中から移動して出来たという。それまで知花グスクの麓にあった集落は南へ移動したという。集落の西北にダクジャク（大工廻＝タクエと呼ばせている）という集落があった。「廻」は「迫」の誤記といい、もともと「大工迫」であろうという。ところがダクが大工でなく「ダンチク（暖竹）」ならば事情はちがう。ジャクはサコ（迫）となれれば、ダンチクの自生した谷間の集落と言うことになる。

その知花（現沖縄市）で聴いた話である。教訓として以前はよく語られていたという。

○「火ドーイ　シーネー、チュ　サチ」（火事の騒ぎが出たら、他人より先に駆けつけて消火に当る）

○「ヌフドゥ（ヌスドゥ）ドーイ シーネー、チュ アートゥ」（泥棒だぁ の声が出たら 人後に）と親は子どもを教育したという。解説するまでもないが、火事は人命財産に関わることである。いち早く駆けつけて消火する心構えが必要である。一方、盗人が武器を持っていた場合どういう反撃を受けないとも限らない。また、捕えられた人の恨みもあるので、率先しないよう心得よというのである。泥棒は担げるだけしか持ち逃げしないが、火事はすべてを灰にしてしまう。そういう教科書的なことよりも、泥棒する人も同じムラの身近な人ならば、その後の人間関係にも影響を及ぼしかねないからであろう。

水の恩

ムラの一員になるためには、まずその土地の水を飲み、使用して生活することになる。かつては、ムラの有力者の協力を得てムラの一員になることを願い出て、はじめて認められたという。「水の恩」も水道では、湧いてこない。

年中行事の中に「カーメー」（井戸詣で）がある。先祖が恩恵を受けた古い井戸を訪れて感謝する一族の行事である。集落内にとどまらず、数年に一度は遠くの聖なる井戸拝みも行う。「アガリウマーイ（東御廻り）」「ナチジンウガミ（今帰仁拝み）」

カーメー（古泉詣）
（うるま市宮城島）

などは、そのうちでも大規模な古井戸、聖地詣でである。
しかし現在、町のアパートには、いつ入居し、いつ引っ越して行ったか分からない住民が多いという。気楽だろうけれど、何か味気ない。産水や死水の重みはすでに失われている。

豆腐のはなし

近現代の沖縄は、都市地区だけでなく、どの農村や島でも月々の行事や、法事ばかりでなく、普段でも豆腐が食べられるようになった。しかし、時代を遡って行くほど、その消費量は少なかったにちがいない。そう考える根拠の一つに道具がある。

大豆にウフチジャーというのは、小豆などに比べて大粒の意味であろうか。種類として、タカアンダー、ヒクアンダー、オーヒーグーの名をよく聞いた。夏の収穫期になると、畑一面に紅葉し、麦秋ならぬ豆秋（?）の観を呈した。

収穫期になると、畑で根こそぎ引き抜いて小束にして自宅に運び、庭に横たえた物干し竿やピンと張った縄につるして干した。ある時期からは、根粒バクテリアを畑にのこす意識がでてきて奨励されたことと、豆に土つぶが混入しないために、それからは鎌で根元から刈り取って運ぶようになった。乾燥すると、敷物に積み上げて棍棒や木槌でたたいて実を落とす。大量に生産する農家では、積み上げて唐竿《からさお》で叩いた。唐竿とは、大小二本の棒を小さな軸棒でつなぎ、一方を回転するようにしている。その一方を握り、他方の棒で叩くもので、回転するところが、車輪に似ているので、沖縄ではクルマボウ（車棒）という。ただ、機能や叩く動作は同じでも棒の形態が中国や日本の他地域とは異なり、従って使用法が異なる。中国や日本各地の唐竿は、長い棒を握り短い棒で叩くのだが、沖縄では逆の使い方をする。すなわち短い棒を握り、長い棒で叩くのである。

大豆は豆腐を作るのに利用するばかりでなく、味噌の原料にもなった。豆腐づくりは、大豆を水に浸して柔らかくして石の臼で碾《ひ》く。「碾臼《ひきうす》」というのが共通名であるが、地域により「豆腐臼」や「石臼」とも呼んでいる。道具の上から見て、豆腐がどれほど消費されたか、ということであるが、地方では都市地区のように毎日いつでも豆腐が買えた、そして食べることができたわけでなく、地方まで豆腐食が普及したのは、近代に入ってからではないかと考える。それは碾臼の普及である。碾臼の石材は、古くはほとんど「ニービヌフニ（骨）」（または「ニービの芯」）と呼ぶ砂岩である。沖縄本島中部の渡口《とぐち》で製作されたことから「渡口臼」と称する石臼である。その普及はきわめて少なく、村に数軒しかなかったのではないかと考える。沖縄の置県（一八七九）以後、硫黄鳥島では硫黄の需要がなくなり、従来の食糧の見返りがなくなり、自活しなければならない時代になった。そこで精力的に製造したのが安山岩による碾臼であった。それは戦後の一九五九（昭和三四）年、再噴火により住民が全員離島するまで続けられた。島に最も近い徳之島平土野の港に集積され、そこから

ヒキウス（左・鳥島臼、右・渡口臼）

各地へ出荷された。

さて、古い砂岩の碾臼も鳥島の安山岩碾臼も丸い上下の石からできている構造は同じである。ただ異なるのは、砂岩の上臼の上面が平板になっているのに対し、鳥島臼はやや丸みをおびて、豆などが転がりやすい構造になっている。また、両面のすり合わせの歯立ては、中央軸から放射状にみぞを彫り、その線に沿ってさらにたくさんの斜線を刻む。古い砂岩系が大きく五つに分けた「五分割」であるのに対し、鳥島臼は「六分割」や「八分割」がほとんどである。後者は新技術を取り入れた結果と考える。硫黄鳥島には、碾臼の製造跡があり、かつての碾臼製造規模の大きさを実感した。

沖縄の各家庭で豆腐作りができたのは、鳥島臼が普及した後と考える。

擂《すり》鉢《ばち》

一七世紀頃の古窯が、知花（現沖縄市）や読谷村喜名にあった。それらの窯で焼いたと思われる擂鉢を博物館や資料館で見かける。擂鉢は古くから使用されてきた民具の一つである。石製碾臼の普及する以前から、時として碾臼に代わる道具として使用された可能性がある。豆腐作りや呉汁作りである。米を水に浸して擂った米汁は、夏の疲れをいやし、旅帰りの船酔いを癒やした「クズミズ」である。

お盆中に死者が出ると、頭に擂鉢をかぶせて野辺の送りをした地方もあった。盆中の死者に対して、後生の番人が六尺棒を持って叩くので、棒から頭を護るためだと説明されている。

一般に「シルハチ」というが、「デーフワ」という地方もある。

「ソーキ」という竹ザル

沖縄で「ソーキ」といえば、豚のあばら骨であり、煮染めたあばら骨をのせた沖縄そば、すなわち「ソーキそば」を連想する人が多いことだろう。だが、ソーキとはもともとザルの名というと驚く人もいるかも知れない。

ソーキは、竹の縦ヒゴに細い横ヒゴをゴザ目編みし、最後に全部の縁をまとめてくくり、丸い形にしたザルである。用途は主に野菜洗いや米研ぎ後の水切りなど、台所に欠かせない民具であった。中国の「筲箕《そうき》」から出発し、モノと名称が共に日本に入ってきたもので、日本では鎌倉時代の説話に「さうき」と記録されて出ている。沖縄でいう「ソーキ骨」はこのザルに胸骨が似ているところから付いた。韓国の竹製品生産所では、現在も女性が主体になって製作している。それを「ソクリ」という。かつてインドネシアを旅行していて、このザルを「ソロピ」と呼んでいたことを思い出す。

竹は、東南アジア、東アジアに古くから植栽されている植物で、地域の人々の暮らしを支えてきた。日本や琉球でも植栽されるようになり、いろいろな利用がなされてきた。沖縄でのバーキ、ソーキ、ティール、ハーラなどは竹籠の形態的もしくは技術的な分類である。

文化は伝播するという。竹もしくは竹製品により比較研究することができるのではなかろうか。ソーキやミーゾーキーは、国境を越えて比較研究するのに適材と考える。

しかし、ソーキをザルと直訳するのも問題である。ソーキそばは「ザルそば」ではない。あくまでも豚のあばら骨をのせた「沖縄そば」である。

くらしを支えたクバ

クバとは椰子科植物の蒲葵《びろう》のことで、沖縄ではクバという。葉が固いところから付けられた名称ではないかという説もある。御嶽などの聖地に生えているクバは、神木と目される。逆にこの植物の生えた聖地を「クバ山」または「クバ御嶽」と名付けた所もある。地名にも「久場」「久場川」などが見える。

クバが神聖視されるのは、樹木の形からとする意見もあるが、本来ではないと思う。というのは、人間の生活にこれほど利用価値の高い植物は少ないからである。以前、古老から「クバの葉世」という言葉を教えられた。クバの葉を裂いて腰みのを作った遠い昔を指して言ったのであるが、そういうこともその持つ特性から、考えられなくもない。

葉は、家造りの素材になった。屋根材、壁材である。民具の素材として笠、つるべ、柄杓などに利用される。鍋を作ると言えば驚きである。与那国島でその話を聴き、実験を思い立った。クバの若葉を一枚採取し、葉裏を内にして丸め、葉先と葉柄をまとめて結束すれば、丸い容器ができる。それに水を満たし火にかければ熱湯になる。確かに湯がわいたのである。

与那国島では、かつて田仕事に家から鍋は持たず、味噌だけ用意し、クバの葉鍋でお昼のお汁をつくった。焼き石の習俗があった古い時代は、なお簡単に湯沸かしができたにちがいない。

クバを食べると言えば、ばかな話をとお叱りを受けそうである。実際若クバの芯はたけのこのように白く、食用になった。かつて久米島では、家葺きや結婚式などに欠かせない食材であった。赤飯や田芋同様のハレの日の食材であった。与那国島では、クバの実を食べたという。その食べ方、加工の仕方については詳らかでない。

また、成熟したクバの木の幹で作った六尺棒は、軽いので舞台での演舞用に向いていた。古武術の武芸者が使用した六尺棒の遺品もあるということから、実用にもなっていたのだろう。

与那国島では、幹の皮を表にした床板が使用された。

カヤ民具地帯

カヤは、ススキやチガヤが家造りや民具作りの代表である。かつて宮古島や伊良部島では、秋になるとサトウキビ

クバ鍋で湯を沸かす実験中
（久米島）

クバ林
（渡嘉敷島）

収穫に向けてその結束用縄材としてススキを盛んに採取していた。鎌で刈り取ってきて手槌で叩いて干したのを手で綯《な》って縄にするのである。チガヤをマカヤと呼ぶのも、用途の多い「真カヤ」…本物の茅を意味するとも考えられる。

カヤは、建築材に欠かせない時代が長く続いたはずである。戦後の復興はカヤ葺き屋からの再出発であったといっても過言ではない。さまざまな民具の素材にもなった。

琉球諸島を二分する特徴を挙げるとすれば、奄美諸島・沖縄諸島は「竹」であり、宮古諸島・八重山諸島は「カヤ」であろう。カヤ民具はいろいろある。カヤを底部中央からとぐろ巻きに編み、縁を編み上げて容器とする。縁の浅いものは碾臼をおいて麦粉や豆粉挽き用。縁を高くしたものは運搬用。蓋をかければ保存用。小型では苧麻糸入れなど用途が広い。

名称は、「マグ」「マーグ」が一般的である。意味するところは「真籠」である。他に八重山ではガイズという呼び方がある。ガイジルと呼ぶ地域もある。「カヤのティル」(手籠)の意であろう。ガイズバラは「カヤのハラ」で、いずれもティルやハラという竹籠の名を付けているところがおもしろい。竹の少ない地域の民具であるが、それをカバーしてなお余りある数量が石灰岩の平らな島々の農家にあふれていた。

苧麻糸入れのカヤ容器
(竹富島喜宝院・蒐集館提供)

ススキを結んだゲーンとかサンという呪具がある。カヤそのものやカヤ民具は、生活と切り離せないものであった。

牛耕犂

河野通明の近著『大化の改新は身近にあった』（和泉選書）を読んだ。帯にあるように、「条理地割と在来農具から、大化の改新の実在を立証した現場検証の歴史学」である。

氏からは直接話を聞く機会が、神奈川大学日本常民文化研究所のプロジェクトを通じて幾度もあり、氏の研究の一端を興味深く聴いた。

特に在来農具の犂《すき》は、長床犂が中国系であり、無床犂が朝鮮系で、それは渡来人の渡来痕跡を知る手がかりともなるという。

氏の説から、琉球諸島の犂はどうかというと、時代的に大きな差があるものの、ほとんどが近世期であろうし、全体に「長床犂」系である。無床犂は近現代の改良型として入ってきた。昭和の一〇年前後、具志川（現うるま市）では改良犂の使用法講習会を開いている。

ウィザイ（牛耕犂）
（うるま市）

その同じ型の長床犂が、沖縄県内で異なる呼び方をしていることをこれまで指摘してきた。奄美諸島から沖縄諸島にかけて「イザイ」「イーゼー」「フーダイ」「ウザイ」「ウィザイ」がほとんどである。便宜上「イザイ系」としよう。これに対して、宮古・八重山諸島では全く異なる。「ヤマ」「牛ヌヤマ」「田スキヤマ」「地スクヤマ」などである。奄美・沖縄の「イザイ系」呼称に対し先島は「ヤマ系」で、大きく二分される。前者は、躄《いざり》すなわち「尻を地につけたまま進むこと」「いざる人」と辞書にはある。このスキの使用の状況が、そういう人の歩行ににていることから名付けられたと考えられている。一方、ヤマは、沖縄で一般に仕掛けのことをいう。機械まではいかない何らかの仕掛けが施されたもの全般にいう。両者を比較すると、イザイ系が古く、ヤマ系は新しいと理解している。

稲こき管

稲の収穫後に、最後に使用する小さな用具である。稲穂をわらからすぐり落とす脱穀具。道具と言うには簡単な二本の竹管である。琉球諸島が長短二種類に二分される。奄美と沖縄北部（国頭・大宜味）地方では、長さ四、五センチの二本の竹管の孔にわら芯をねじこんで連結し、人差し指と親指の間に挟んで使う。国頭地方から遠く離れた八重山地方でも同様のクダを使う。沖縄本島の大部分の地方とその離島では、竹箸大の長さの二本の竹管を下三分の一あたりでしばり、ピンセット状にして使う。

日本本土でも、近世期頃まで竹の稲こきであったが、元禄時代に、鉄歯の稲こきが考案され普及した。鳥取県倉吉は、「稲こき千歯」の産地として知られている。日本中に普及したものが、どうして琉球では、輸入して農民の省力化に努めなかったか、疑問である。近代に入り、この千歯が普及するが、奄美では金属製の管の意味で「カネクダ」と呼んだ。

長い箸型の管にやや似たものに芭蕉糸すぐりがある。これを「イェービ」という。細い一本の竹を二つに割ったものである。短い稲こき管に似たものを、京都府の丹後地方で見たことがある。稲とは関係なく、藤布作りの糸すぐりに用いていた。酷似しているが、使用する対象が異なる。何らかの関連があるのだろうか。

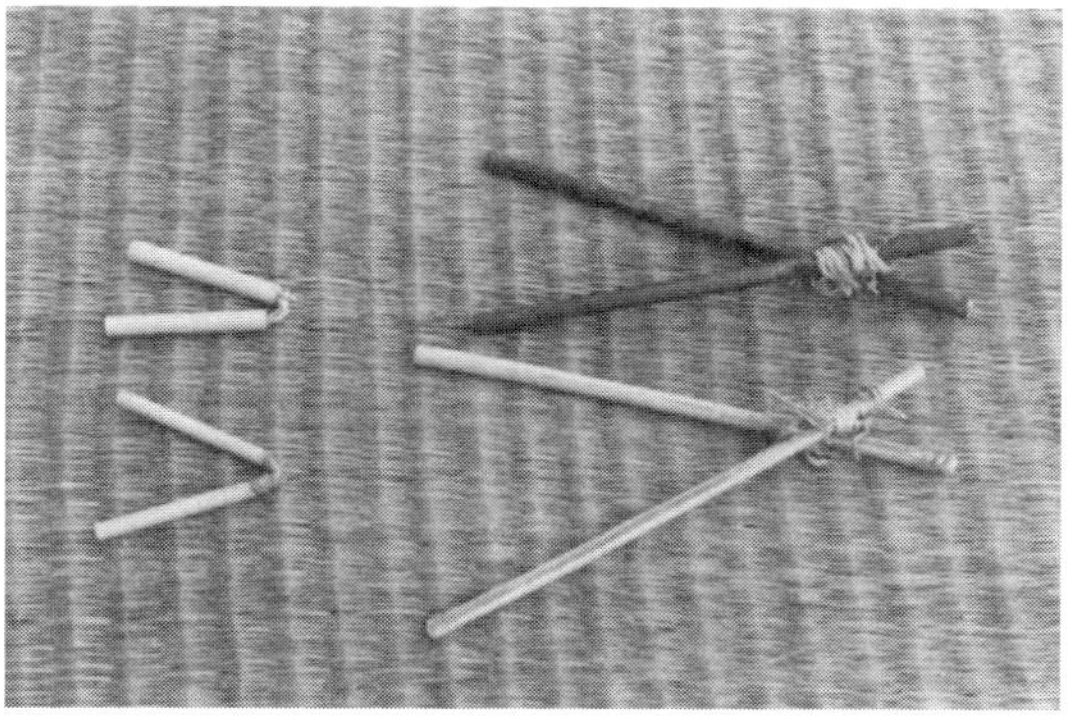

稲こき管２種類

女性の運搬法

女性が重い荷物を持つのに、近い距離ならば、普通両手で抱えて運ぶ。しかし遠くならば頭に載せる「頭上運搬」か、額から紐をかけて背負う「頭背負い運搬法」である。本土では男女ともはしご状の運搬具を肩に掛けて背負う。

奄美沖縄の女性の運搬法の分布を見ると、奄美大島・徳之島・沖縄本島国頭・東・大宜味・旧久志村北部・旧羽地村の一部・今帰仁・伊平屋・伊是名などの地域が頭背負い（便宜上こう呼ぶことにする）運搬法である。沖永良部島・与論島・沖縄本島名護・本部・金武町以南、宮古・八重山は頭上運搬である。分布については集落単位で調べてみたが、その古さや地形との関係など確信の持てる答えは出ていない。

若い頃、友人の車に便乗して調査して巡ったことが、民俗・民具調査の悉皆調査のやり始めで、その一方法を実行した。

南島民具の特徴

『南九州の民具』（一九六九）の著者小野重朗は、南九州の特徴を「畑作的で非稲作的」と指摘している。北日本の民具が、ワラ製・木製を主として精巧・優美であるのに対し、南日本は竹製・草製・石製の民具が多いという大まかな違いを挙げている。

さらに種子島・屋久島以北と奄美の違いとして、北ではカリノと呼ぶ紐と背負い梯子、奄美ではテルノオという紐とテル（背の高い籠）の組み合わせでそれぞれ運搬する。北で鍬が主流の畑作が、奄美ではヘラ・クイという小農具の農業となる。北の馬のクツワが、南では木製のオモゲとなるし、牛の鼻グイ（金輪）が、鼻に直接手綱を通すことへと変化する。

鹿児島と沖縄の狭間に位置する奄美諸島の民具は、北の要素と南の沖縄の要素ももっている。例えば種子・屋久以北の箕に対する円形容器は、奄美・沖縄に共通する民具であるが、奄美では鹿児島系のバラ、もしくはサンバラといい、沖縄ではミーゾーキーという。

平鍬のことを唐鍬の意でトングェーと沖縄でいい、奄美でトーゲということは共通するが、奄美の鍬は刃先が矢筈型になっており、北からの影響であることがわかる。

沖縄には、子音の口蓋音化するところが多いが、奄美大島・徳之島はそれがない地域である。盥をハンギリ（沖縄でハンジリ）といい、箒はホウキ（沖縄ではホーチ）、甑をクシキ（沖縄でクシチ）、というのが、奄美と沖縄の大きな違いである。

その他、南島特に沖縄諸島の民具名称の特徴を挙げると、次の特徴がある。

①末尾母音を伸ばしてその用途を表す例。

・田ならし板＝ターノーサー　・はえ叩き＝ヘークルサー　・籾篩い＝ンニユヤー

②語尾に「ムヌ」（モノ）をつける（○○するモノ）。

・田ならし板＝ターノーシムヌ　・魚の鱗取り＝イリキ トゥイ ムヌ

③材料を表す。

・鉄鍬＝カニグェー　・芭蕉衣＝バサージン　・千把扱き＝カネクダ（金管）

④形態を表す。

・平鍬＝ヒラクェー　・二叉鍬＝タマターグェー　・耳付き壺＝ミミチブ

⑤用途を表す。

・揚げ物用鍋＝アンダナービ（油鍋）　・麦摺り石＝ムジシリイシ（脱穀用）

⑥使用場所を示す。

・海籠＝ウミディール　・漁師用たばこ入れ＝ウミフゾー

⑦出所を表す。

・唐鍬＝トングェー（平鍬。奄美でトーゲ）　・沖縄式の鍬＝オキナワパイ（八重山）

⑧大きさや量を表す。

・大円形箕＝ウプスギ（与那国）　・三升炊き鍋＝サンジュ　ダチ　ナービ

⑨動作や持ち方を示す。

・田の引き石＝ピキイシ　・唐竿＝メグイボー・クルマボー　・背負いかご＝カシギディル

ワラザン

「藁算」と書き、ワラを主材料につくることからこう呼ぶが、「結縄」の一種である。明治中期ころまで沖縄各地に残存した。文字の素養の乏しかった庶民の間に伝承された記録、意思伝達の方法である。地方役人層も農民層との近い関係にあることから証書などの代用として、文字記録に継ぐ物として認識されていた。つまり文字と平行する記標文字と見る向きもある。

ワラザンについて、最も早く収集、記録、研究を手がけたのは、田代安定《たしろあんてい》である。彼は明治一五年、農商務省から沖縄への出張を命ぜられ、先島地方ではじめて結縄を目にしている。明治一八年以後はしばらく沖縄に滞在し、収集に当たっている。彼の収集及び研究の成果は、死後『沖縄結縄考』として出版された。同書で田代は、藁算の用途を「契約標」「貸借上の証状」「収税」「戸籍上の帳簿」「人夫使役」「各種懲戒標」等々を挙げている。

さらに沖縄諸島での特徴は、「算数契約募集標」であり、宮古・八重山諸島では「収税上の徴標」という特徴を述べている。明治一三年以後の学校教育や三六年の人頭税廃止などにより、藁算が消えた。民俗文化ともいうべき藁算法が消えたことは、大きな文化遺産を失ったと言えよう。沖縄では、竹富島の喜宝院蒐集館で早くから収集展示している。

サンの一種の名称不詳のカヤの葉結びの話を津堅島で島の古老から聴いたことがある。名称は定かでないが、意思伝達法に基づくものである。むかし、青年男女の「モーアシビー」の盛んな時代のことである。モーアシビとは「野遊び」、青年男女の夜の野原での交歓会のことである。会を終え若者が意中の女性に二人だけの逢引きを申し込む。その際そっと女性に渡すのが、幾重にも折った草の葉である。快諾の場合はそのまま返ってくる。拒否の場合は折りを裏返して反対折りにして返ってきたという。一枚の草の葉に、若者の哀歓がこめられていた。

近年のワラザン研究で知られるのは、栗田文子の『藁算』(慶友社)である。栗田は数年かけて、琉球諸島全域を歩いて調

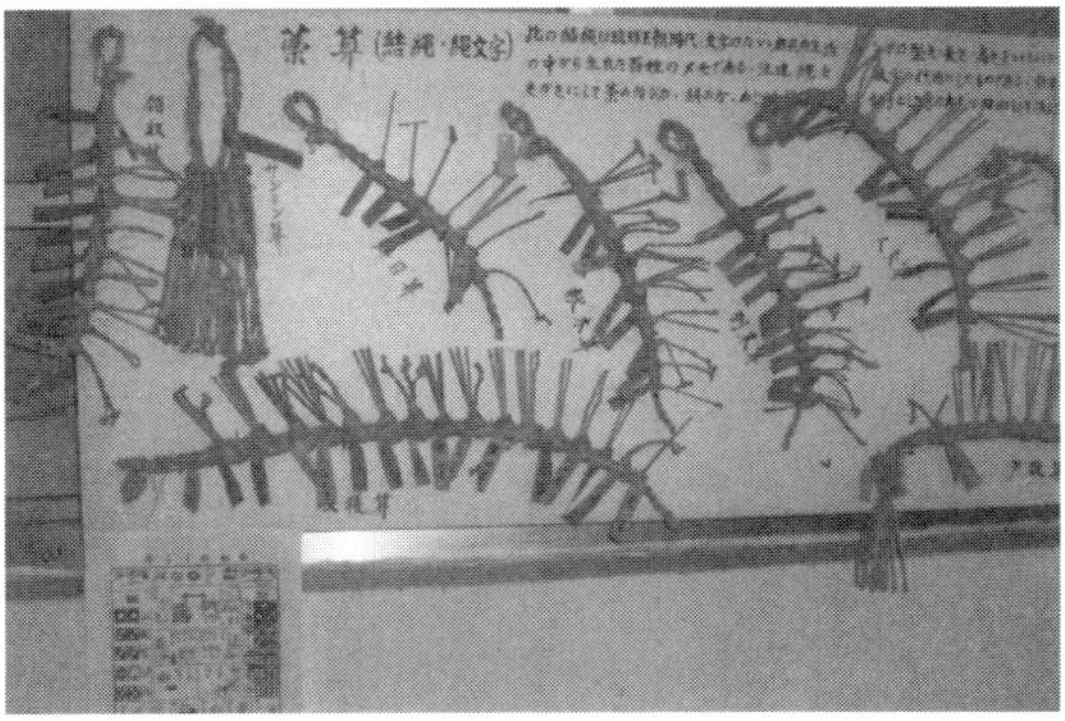

ワラザン
（竹富島喜宝院・蒐集館提供）

査をし、再現製作をした。その作品は一〇〇点にものぼり、沖縄県立博物館にすべて寄贈した。その作品は、著書『藁算』にまとめられている。

ハジチ（針突）習俗

ハジチとは、かつて沖縄・奄美の女性が手の甲や指先に施した入れ墨のことである。呪術や成女儀礼として行われた身体装飾の一種である。明治三二（一八九九）年に禁止令が出されたが、その後も密かに施術する者もいた。それほどハジチへの思いは特別なものがあったのである。指の背に矢形、指の関節にはクジマ（ヒザラ貝）、手の甲に「丸星」、左右の手の関節には、それぞれ丸星と五つ星である。

世界的にも入れ墨の歴史は古く、中国の古い歴史書には、越《えつ》、雲南《うんなん》、倭《わ》（日本）についての記事の中に入れ墨のほか、文身《ぶんしん》、刺青《しせい》、黥《いれずみ》の文字が見える。沖縄（先島含む）では、女性の間で行われ、施術師も女性、施術後の祝いに参加するのもすべて女性であった。施術の理由は、他国へ連れて行かれないためといい、薩摩の殿様に見初められた琉球の王女が、求婚を断りたいために施術したのがはじまりという話が喧伝されているが疑わしい。地方で語られているのは、死後の世界で、芦の根を掘らされることを拒む気持ち、と漠然と死後の世界を語ることが多い。男性に施術することは

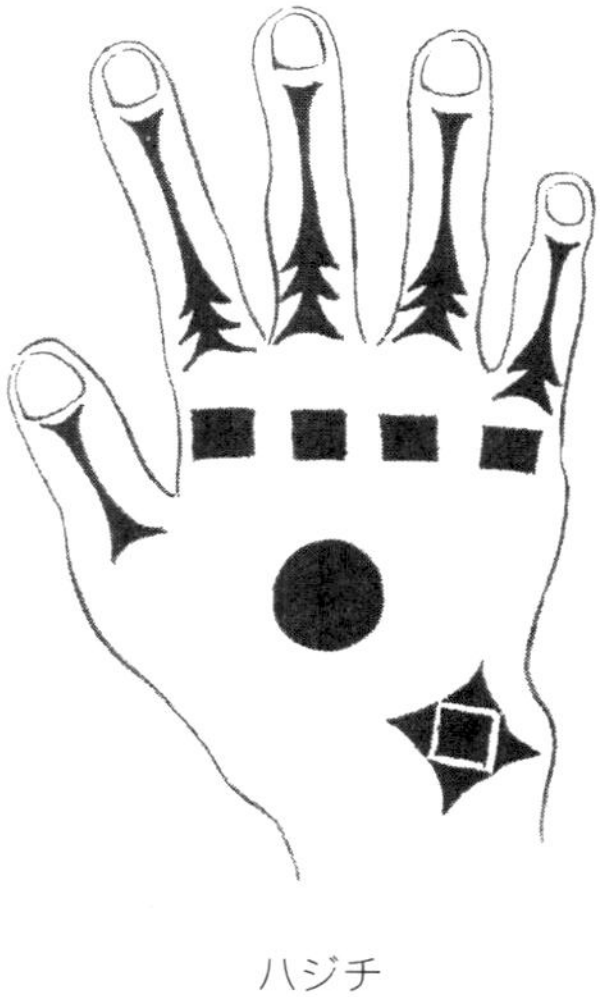

ハジチ
（明治43年の『八重山事情』より）

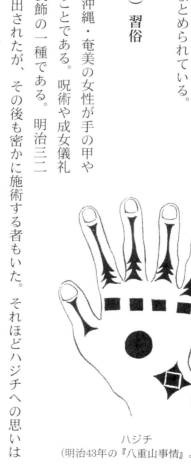

皆無であった。施術前に亡くなった娘の手には、墨でハジチの模様を描いて野辺送りをしたという。アイヌの女性や台湾原住民族の女性にも入墨の習俗があったが、そちらは顔に墨をさす、いわゆる黥面《げいめん》である。指先は神経が集中するので、針で突く施術は激痛をともなう。炒《い》り豆などを噛んで我慢した。それでも奄美で「綾《あや》ハジキ欲しゃや、吾命かぎり」と歌い、沖縄諸島でも、銭金はあの世まで持って行けないが、「吾手にあるハジチ、あの世までも」と歌っている。この世ばかりでなく、来世にも思いを馳せる。明治三二（一八九九）年、禁止令が出た後も官憲の目をのがれて施術させた娘たちがいたのは、そのような心の表われではなかったかと思われる。

施術年齢は、初潮から一〇代後半にかけての成女儀礼、もしくは一〇代後半から二〇代前半の婚姻、あるいは四〇代以後初孫の誕生を契機として、手の甲の丸星を扇形に拡大するなど、幾度かにわたる追加施術が行われた。

ハジチの図柄は、奄美から与那国島まで群島別に、大きく四つに分かれる。それぞれの小さな文化圏を形成しているようにも見える。なかでも両腕いっぱいにさす宮古諸島はユニークだ。

沖縄全域のハジチに共通する、注目すべき図柄の基本形は、×印と+印、それに巻き貝である。目に見えない魔物を払う呪術的な文様である。女性が初潮を迎え、結婚し、子を産み、年を重ねる。自らの身を守るとともに人生の節目に、思いを刻みこむのである。その一方で、一家の主婦として家族の幸せを願い、来世へと続く思いをこめていたのだ。

沖縄のハジチが古い文化の一部であったとするならば、われわれはまさにその文化の終焉《しゅうえん》に居合わせたことになる。むろん古い文化の一つとはいえ、復活を願う意味ではない。

久米島の綱曳き

久米島の綱曳きの起源は詳らかではないが、言い伝えでは古くから旧具志川間切の西銘と仲地でそれぞれ行われていた。近代に入って旧具志川・旧仲里両村とも「村綱」として曳くようになって、現在の大綱の形態になったという。

一般に沖縄の綱曳きは、稲の収穫後の陰暦六月から八月にかけて行われることが多く、その目的は、神への豊作の感謝、来年の豊作祈願、村落の厄払いと繁栄、そして年占いや雨乞いなどであると言われている。

久米島の綱曳きも旱ばつ時の「雨乞い綱」として曳き合ったのが起こりだと言われ、近代後も臨時に行われて来た。久米島での最高神職である「君南風」が、島の一〇人のノロを君南風殿内に招集し、庭の大石に水をかけながら「ウムイ」すなわち神歌を歌い、雨乞いをした。それから西海岸のハンニ崎へ行き、そこの御嶽の神にも雨の祈願をした後、近くの浜の岩礁に打ち上げられた大石の上で火を燃やす。その神事を終えた夕方、君南風殿内の前の道で東西二チームに分かれて綱曳

君南風（女性神職）による雨乞い石での神事
（久米島）

きをしたのが、古い姿だとされる。

合併前の具志川村では、村行事の一環として村を二分し、全村民参加のもとで行われた。しかし、合併前の平成一二年を最後に中止になっていたが、今回、両村合併後初の、そして一三年ぶりの記念すべき「大綱曳き」となっている。

綱曳きは、雄綱と雌綱の結合の前に、東西両陣営から「トゥール」すなわち組を象徴する旗頭と「シタク」と称して板敷の上に歴史上の人物に扮装した若者が乗り、法螺貝や銅鑼・鉦、爆竹、かけ声と共に中央に相寄り両陣営が対峙し、ガーエーという示威行為が繰り広げられる。その後に雄綱、雌綱が結合され、カヌチ棒が結び目にさし込まれて、伝統の大綱曳きの始まりとなる。

綱引き前に行われるシタク上の示威演技（久米島）

雄綱と雌綱（久米島）

三、絣文様に見る沖縄の暮らし

紋織りの技術は中国からもたらされ、絣の方は東南アジアから移入された。しかも紋織りが、皇帝から国王へというように上層部の下賜品であったのに対し、絣はその移入の仕方は上下の両方からであり、発展過程において異なることを指摘したのは田中俊雄である。

身分制度の厳しい時代にあって、服飾ほど端的にその地位を表わすものはなかったので、権力者と一般庶民の間にはおのずと差が生じたのである。紋織りは支配層の独占であり、平織りこそ一般的な生地であるが、絣についていえば、その素材や色彩、あるいは柄の大きさに制限が加えられていたのである。とはいえ、絣は庶民のものとして定着し、発展したのであった。

沖縄の絣文様は、基本的に幾何学的文様であるが、その文様の一つひとつに名称がある。しかもその文様の形から身近な道具や動植物に及ぶ名称で呼ぶ。それはモノからヒントを得て生まれたものもあろうし、出来上がった文様がたまたまモノに似ていたところから付けられたものもあろう。

ここでは、絣文様の名称のうち、モノや自然物の名称がついたものに着目し、そこに見られる暮らしの部分を取り上げてみたい。

なお、田中俊雄は、文様について次のように分類している。①住居から出たもの。②家庭で使う道具類。③食生活（家畜）。④衣生活。⑤遊び道具（娯楽）。⑥人体。⑦天体・自然界。⑧動植物。以上の分類以外に文字（十字など）や「クジリ格子」や「引き下げ」など別の知識による名称もある。この分類にそって一部を紹介したい。

住居にちなんだもの

ソージ（竹障子）、敷瓦、井桁絣、クジリゴーシ（崩れ格子）などがある。

ソージ・グムー

縦横の模様を交互に組んだもので、いわばヤシラミ風の模様である。ソージは障子のことであるが、実際には竹をたたいて広げて編んだもので、民家の部屋の仕切りに用いた。紙貼りの障子は「アカイ」という。「明かり取り」の意である。八重山で「パザ」と呼ぶのは、〝波瀬《はぜ》〟のことで、竹を編んだ漁具のことであり、同様に作った物干し用具のことでもある。網代《あじろ》に編んだものも同様。

シチガーラー

市松模様風のもので、「敷き瓦」のこと。かつては寺や公所でなければ敷き瓦はなく、民間から出た名称とは思われないが、それだけに印象に残ったものであろう。

カー・ヌ・チィカー

八重山で「カー（井戸）の枠」のこと。「井」の字模様であるので、現在久米島では「ヰガスリ」と呼んでいる。しかし沖縄の井戸は、古くは共同の泉井が多く、ヒージャー（樋川）と呼ぶものも多い。

家庭に井戸が普及するのは近代に入ってからである。

クジリゴーシ

格子が崩れた形の意であるが、崩れた曲尺《かねじゃく》の意で呼ぶところもある。よく使われる模様である。久米島ではこれに類するものをすべて「クジリゴーシ」というが、八重山では「ウシ・ヌ・ヤマ」（牛のヤマ）、宮古で「ヤマ・ヌ・ウディ」（ヤマの腕）と呼ぶ。ヤマとは、一般に「仕掛け」のことで、ここでは牛に引かせて田畑を耕す犂《すき》のことである。この犂は、奄美・沖縄で「イザイ」「ウィザイ」と呼ぶ「いざり」系名称であるのに対し、宮古・八重山では、「仕掛け」と呼ぶのである。この農具の普及の遅さによるものであろうが、鍬だけの農業から発達をとげて牛耕へと進んだもので、織物の名にこの「ヤマ」を付けたところがおもしろい。

家庭の道具

徳利や甕、提灯、バンジョーガニ（曲尺）などがある。

トゥックイ・ビーマ

徳利模様の絣のことで、ビーマは絣のこと。この模様を二つ並べたものに、「カーミ・ビーマ」というものがあり、甕（又は壷）形の絣模様である。

バンジョー

番匠金《ばんしょうかね》、すなわち曲尺《かねじゃく》のことで、経緯の絣が直角になり、曲尺の形をなす。同型の模様を二つ重

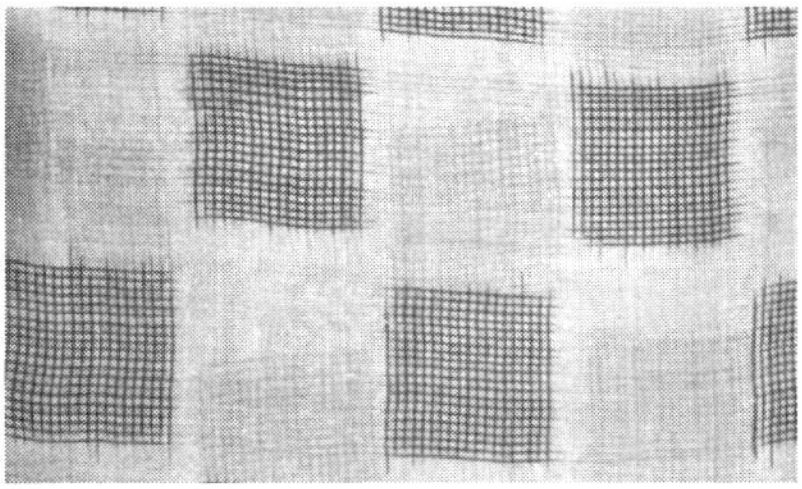

シチガーラー

カー・ヌ・チィカー

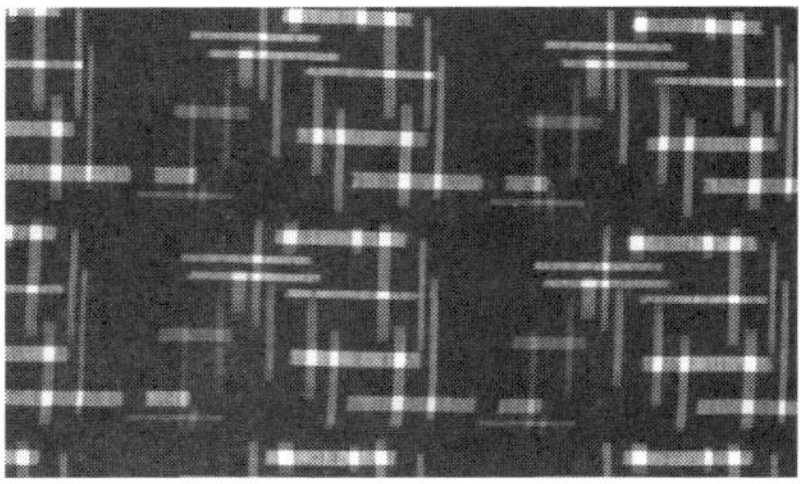

クジリゴーシ

バンジョー

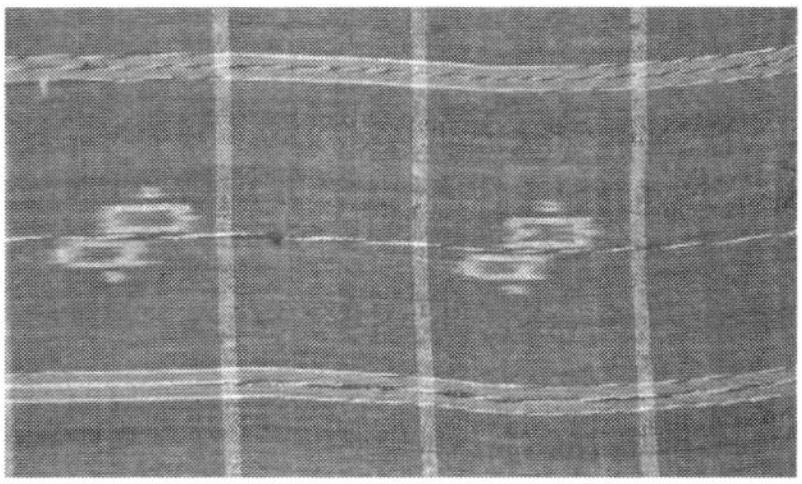

トーニ

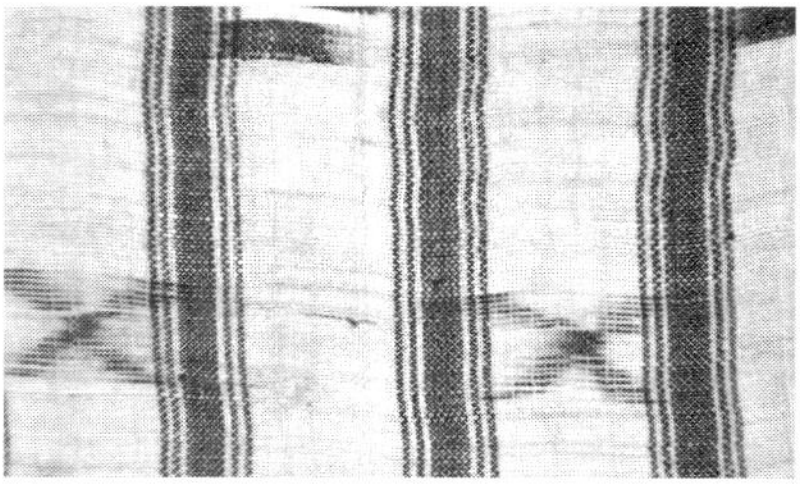

ハサン・ビーマ

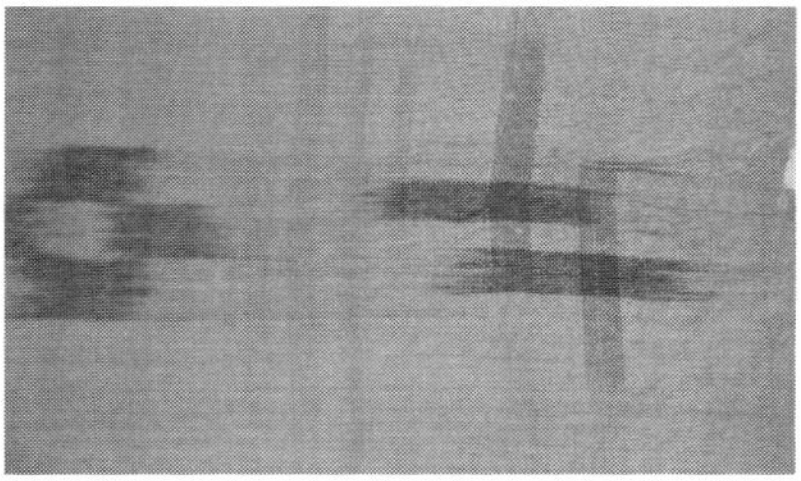

カジマヤー

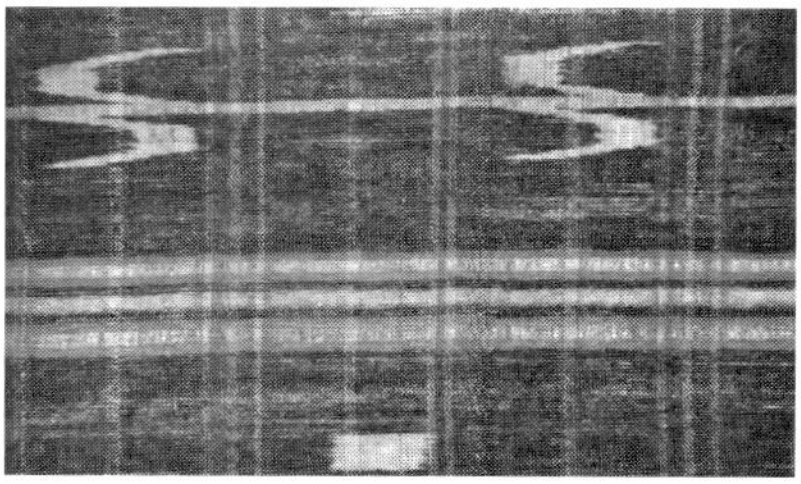

クチフラチャー

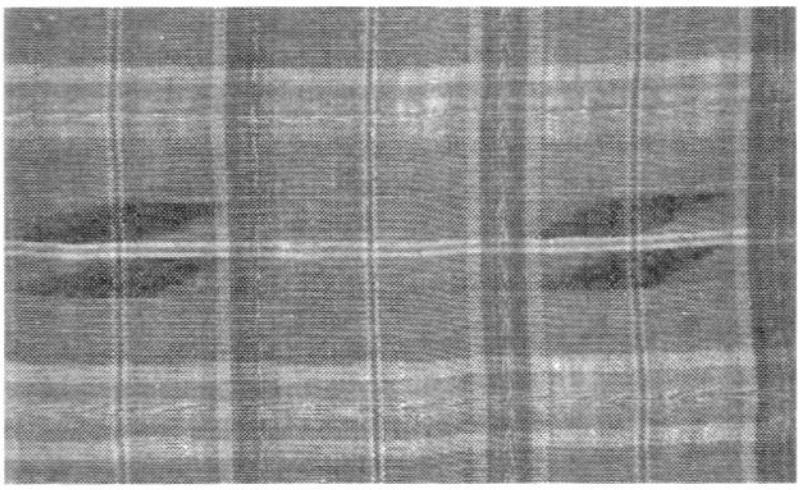

マユビチ

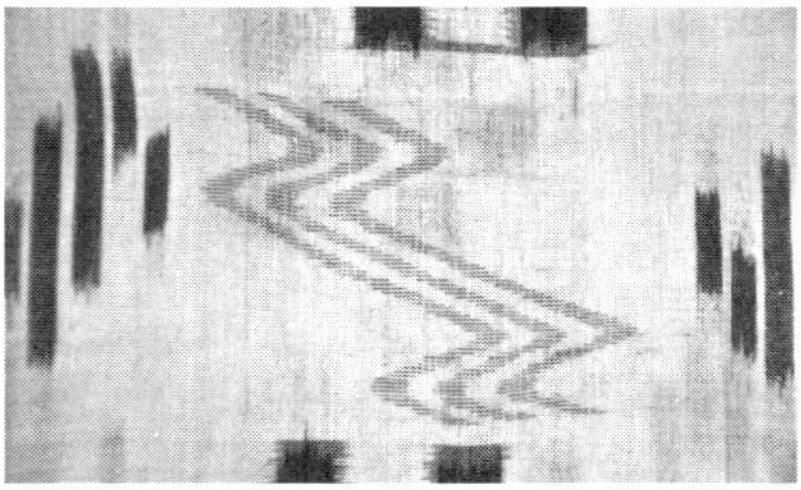

ミジ・フムー

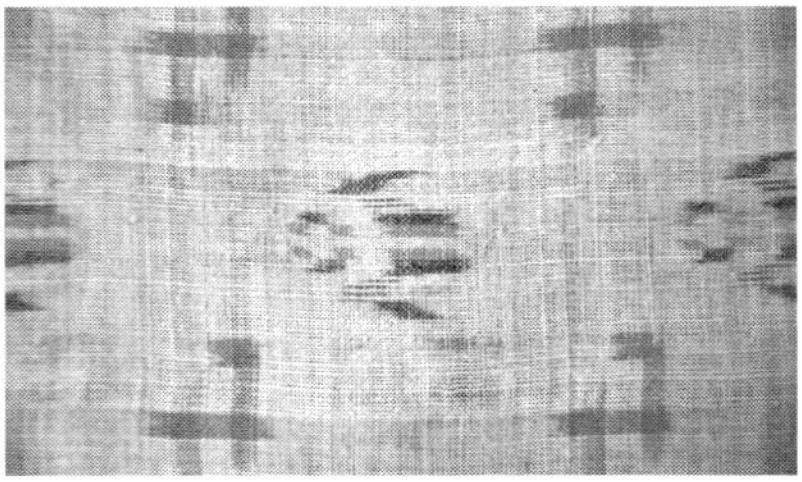

トゥイグヮー

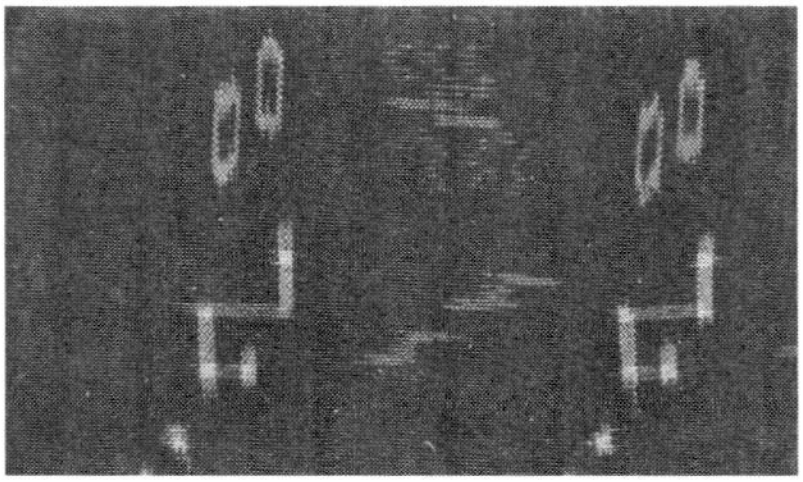

アカター・ビーマ

フゥナ・ビーマ

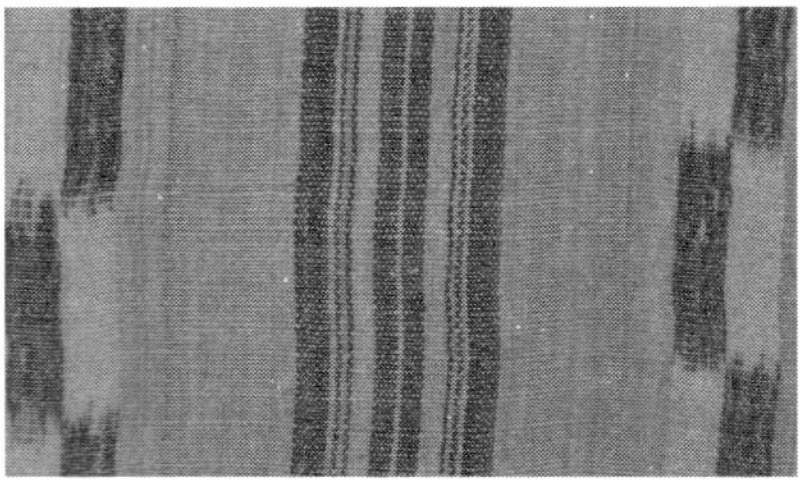

ダキ・ヌ・フシー

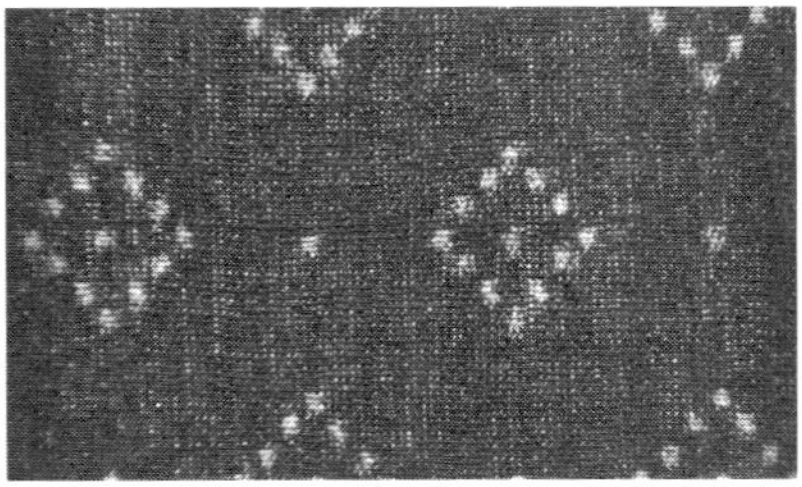

ムチリー

「久米島紬裂地帳」より
（沖縄県立博物館・美術館蔵）

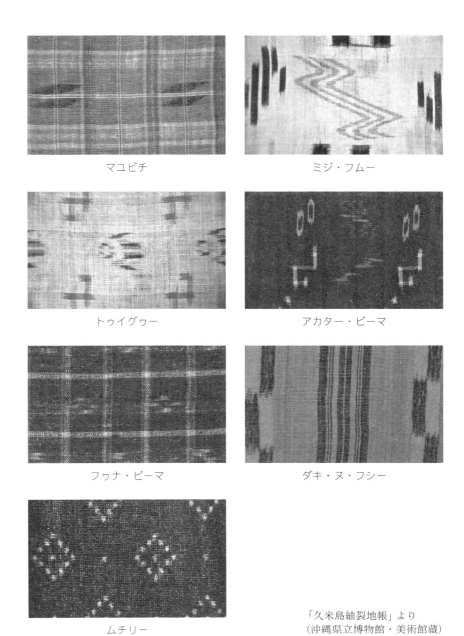

ねたものを「トゥバシ（飛ばせ）・バンジョー」という。幾重にもつながったものを「ティー・フィチ・バンジョー」と呼んでいる。手をつないだ曲尺の意。久米島でのジンダマー（銭玉）は、緯絣の四角の模様であるが、これをつないだ「ジンダマ・バンジョー」があり、トーニを組み合わせた「トーニ・バンジョー」がある。さらに弧の内に星を二つ、三つあるものを「タダヌー・バンジョー」「ミダヌー・バンジョー」と呼んで拡大する。その手をつないだバンジョーのもう一方を逆にして組み合わせたものを「クミバンジョー」という。久米島では、単体のバンジョーを組み合わせたものが「女」字に似ているところから、近年「オンナガスリ」と呼んでいる例が見られる。

食生活・畜産

カマシキー

星を十字に置いたところから「ジュージ・カマシキー」ともいう。釜敷きの意で、地方ではワラで円形につくったものを「ナベシキ」と呼ぶことが多い。星を三個鼎状に置くと石かまどになり、そのまま「火の神」石になるがそれはなく、デザインの面から星四個になり、鍋・釜敷と呼んだところはいかにも女性らしい。

トーニ

木を横にして刳《く》って作った「豚の餌入れ」である。豚の飼養は、沖縄本島の都市地区では一五世紀には行われているが、先島には一五世紀末まで確認されていない（『李朝実録』）。トーニの語源は

「田舟」から出たものという（宮良当壮）が、用途をめぐっては両者に直接の関係はない。近世の琉球の農家では、母屋と台所の他に畜舎があり、牛馬や山羊、鶏が飼われ、豚小屋には豚が飼われた。ヒトばかりでなく家畜を含めた大家族であった。家畜の中で、その世話役を主婦に義務付けられたものが養豚であったから、「トーニ」は女性にとって最も身近な存在であったわけである。トーニが一つのもの、二つのものがあり、十字形にしたものを「ジュージ・トーニ」という。

養豚の習俗は大陸から伝わったもので、食肉ばかりでなく堆肥生産に豚が利用された。食肉文化は、仏教色の濃い日本を別にすれば、東アジア圏共通の文化に根ざしていた。王府でも大型家畜の牛馬の屠畜を禁ずる一方で、山羊や豚の飼養を奨励したのである。

台所の火の神と豚舎の神は、家屋敷の神の間で最も優位を占める神であるという。火の神を祀り、一方で豚舎で養豚に励むのが女性であったとは、偶然とは思われない。

衣生活

鋏や織機具の杼《ひ》、マチチャ・カサビー（巻板重ね）などがある。

ハサン・ビーマ

英字の「X」字模様のことで、「鋏形絣」の意。

遊び道具（娯楽・玩具）

グバン・ヌ・ミー（碁盤の目）、クトゥ・ヌ・ウマー（琴の駒）、カジマヤー（風車）、コールー・グムー（独楽）などがある。

コールー・グムー

正確にはクールーで、「独楽《こま》」のことであるが、クムを加えて「独楽形の雲」の意になる。左右対称の形をしており、他方では「香炉」の意に解するむきもある。香炉は屋内の霊前や屋外では御嶽などの拝所に置かれる。御嶽用が石による角型であるのに対し、室内用は陶磁器の丸型である。同型のものを「チョウチン」と呼ぶこともあり、よく似ていて判別がつけがたい。

カジマヤー

宮古では「カザマーラー」といい、「風車」のこと。子どもの玩具であるが、数え年九七歳には干支で一二年ごとに祝う最期の「カジマヤー祝い」がある。この年齢になると、風車を持って子どもにかえるといい、さらに長寿を願う意味があるといわれている。「カジマヤー祝い」には別の解釈があり、「十字路」のことと解するむきもある。四辻で魔物固めをすることにより、さらなる長寿を願うのだとしている。また「十文字」は、魔除けを意味する呪標でもある。

人体からとった名称

耳ツキ、クチフラチャー（口開き）、マユビチ（眉引き）、クワー・ダチャー（子抱き）、チミ（爪）、ティージクン・ビーマ（拳形かすり）などである。

クチフラチャー

口開きの意で、楕円形を半分に切った口の部分を外に向けた模様で、それぞれ左右に向かっている。人の口開きは行儀がよいとはいえないが、一旦図柄となれば美しく、好まれたのであろう。

マユビチ

眉引きの意で、太い「二」の字形模様である。長方形の模様を横にずらしたものを「ヌチ・ヒチサギー」と呼ぶが、こちらは菱形を長く伸ばして変形にした形である。ところで、美人や好男子の条件で目鼻立ちが問われる。かつて琉球では、「目眉が美しい」「目眉黒々と」と一番に挙げられた。ある地方で主人の立派な眉のおかげで「眉屋」の屋号をもらった家がある。この「マユビチ」はさだめし怪力の男の眉であろうか。

天体に関する名称

星や雲に関心を寄せたのは、空が美しかった昔の人こそ強かったことであろう。「ティーチ・ブサー」(一つ星)、「ブリブサー」(群星)、「ティン・カキジャー」(天の鉤)、「ヌチグム」(横にたなびく雲)、「イチチ・マルグムー」(五つ丸雲)、「ミジ・フムー」(水雲)などがある。

ヌチグム

緯糸《よこいと》によるややX字状になった模様で、ヌチグムの名称は「おもろさうし」にもうたわれている。横にたなびく雲である。

ミジ・フムー

八重山で水雲の意である。絵巻物を想像させるような響きが感ぜられるが、一方沖縄本島では「カキジャー」と呼んで、身近にある鉤にたとえている。

ブリ・ブサー

群星の意である。星は一つ、二つ、三つ、群星など数で名付ける場合が多い。古謡にも歌われる。

動植物に由来するもの

動物では、「トゥイグワー」(小鳥)、「アカター・ビーマ」(青蛙)、「ビックー」(べっ甲)、「クーバー・ビーマ」(蜘蛛)、などがあり、植物では「フワナ・ビーマ」(花)、「ダキ・ヌ・フシー」(竹の節) などがある。

トゥイグワー

小鳥のことで、右向き、左向きに飛ぶツバメをイメージしている。久米島紬では現在でもよく使われる模様である。

アカター・ビーマ

青蛙が手足を踏ん張っている形である。水の上をすいすい歩くアメンボにも似ている。アカターには、もうひとつトカゲについてもそう呼ぶ。三角の角ばったところを頭に見た模様である。

クーバー・ビーマ

クーバー（クーブーとも）は蜘蛛のことで、斜めに置いた正方形の四つの辺からX字形の手を出した模様で、アカター・ビーマが長方形の角から四つの手を出しているのと異なる。

フワナ・ビーマ

花形のかすり。

ダキ・ヌ・フシー

竹の節を思わせるかすり。

その他

ムチリー

ククヌチ・ムチリー（九つ星）、ジューサン・ムチリー（十三星）などがある。タテヨコの絣によるもので、一つものを「ティーチブサー」、二つ星は「タダヌー」または「ターチブサー」、三つ星を「ミダヌー」、四つ星を「ジュージ・カマシキー」、五つ星を「ジュージ・イチチブサー」、九つ星を「ククヌチ・ムチリー」、十三星を「ジューサン・ムチリー」という。数が多くなると「ムチリー」となる。群がることを意味するのであろう。

ゴーマーイー

多くの星が丸くなっている形で、若者たちが月明かりの草原で円陣をつくって座り、これから「モーあそび」の歌舞音曲が始まるところを連想させる。

四、「久米島ムニー（言葉）」断片

久米島の言葉は、沖縄本島南部とりわけ頻繁に通行のあった那覇と関係が深いと思いますが、他方では沖縄北部に似ているともいわれます。特徴は「さ行」が「は行」に、「だ行」が「ら行」になることが多く、拗音の発音が苦手です。例えば「しゃ」が「さ」で発音されます。また「ウ」を使うべきところを使わない。たとえば豚を本島で「ゥワー」というのを「ワー」という。「ワ」の前のグロッタルストップが欠けるのです。

①　水ユイ

「飲み水の違うせいか」ということ。

「儀間と嘉手苅や道どひざみとる　水ゆいがやゆら言葉かわて」

という歌の一節ですが、一筋の道で分けられた二集落の言葉の違いに驚いたという内容です。古い時代それぞれが違う山手に所在していたのを、近世期の初め頃平地へ移動して隣同士になったのです（この種の歌は本部の伊豆味にもあることを後になって知りました）。

「サキナ井戸《カー》の水や　石からが湧《わ》ちゅら、久間地女童《くまじミヤラビ》の言葉くふゎさ（固さ）」
という歌もあります。サキナ井戸は村の共同井戸名。久間地集落は、久米島の旧具志川村西銘の西隣に位置します。一七一三年、西銘の大火で一一六戸が焼失し、罹災者の中から二三戸を移住させてできた集落です。この歌の意味は、「久間地の乙女たちの言葉が固いのは、何時も飲んでいるサキナ井戸の水が石の間から湧き出て硬いせいなのか」ということです。

しかし、乙女たちの言葉が固いように感じるのは、言葉一つ一つの発音や語尾がはっきりしていることです。久間地女童の名誉のために云うならば、言葉がはっきりしていることは、「いいえ」とはっきり言えることであり、その前に頭の整理がよくできているからだと思います。他村の若者が来て言い寄り、よい返事を期待していたところへ、きっぱりと「いいえ」と返ってくる。この歌は、肘鉄を食らった失恋男の意趣返しの歌と思えば、久間地女童の「身持ち　きよらさ」が浮き上がってきて、爽快です。それにしても言葉のニュアンスの違いを水のせいにするとは。

②　ターミ（ターミングヮー）

本島の「クーテーン」に相当します。ターミに「グヮー」を付けることもあり、「ほんの少し」の意味です。食事のセーシン（おかわり）をするとき「ターミ、チジクーヨー」（少し、ついで）といいます。島内には「ンターミ」という地域もあります。先輩たちもこの語の解釈を試みていますが、納得のいく説明ができていません。これは恐らく、クーテーン↓クンテーミ（クンターミ）↓ンターミ↓ターミというように変化したのだろうと考えます。

③　ユゥー

「ほら」とか「これを」の意味で使います。本島の「ウリ」に相当する語です。

久米島の民謡「白瀬走川節《しらせはりかわぶし》」があります。「白瀬走川に流れよる桜、掬《すく》て思里《ウミサト》に貫きやいはら」の歌詞でよく知られています。また、「貫花」という美しい舞踊でも知られています。

「赤糸貫花や　里にうちはけて、白糸貫花や　よゑれわらべ」という一節があります。最後の「よゑれわらべ」が難解らしく、『琉歌大観』（島袋盛敏著）では「すてておくれ、子供達」となっています。「ユー（ほら）、イレー（もらいなさい＝あげるよ）子供」が、久米島ムニー（言葉）ではしっくりいくように思います。

④　アッキー

「まあ」とか「あれまあ」の意味の感嘆詞。「キィー」や「ケー」も同じ意味で用いることがあります。「アッキー　ツァースガヤー」（あれまあ、どうしよう）のように使います。

しかし、否定的に「キィー　ウリガーアランロー」（いえ、彼がやったのではない）などと使うこともあります。一部の集落では、驚きを大げさに「アッキヌ　クルゲー」ともいいます。この場合は、ずっこけるように「困ったな」という気持ちが込められています。

⑤ ウガ

大人の世界では使われず、子どもの喧嘩のときしか出ない語で、「おまえ」の意。伊平屋島へ最初に行った時、嫁が舅《しゅうと》に「ウガ」と言っているのを聞いて驚いたのですが、伊平屋では敬語でした。伊平屋の人が久米島で「ウガ」を使って失敗した話があります。

『沖縄古語大辞典』(角川書店)によれば、「オガ」はオモロ語で尊称、組踊で卑称とあります。伊平屋島は古い形、卑称とする久米島は近世型。「貴様」「お前」と同類ですね。

⑥ クヌー

「不満」のことで、近世の文書には「口能」の字を当てています。「(あれこれ話し合ったけど)クヌーギサータン(不満そうだった)」というように使います。明治時代の借金証文に、「(違反の場合、家財から何を取っても)口能ハ一切コレナク…」とあります。

どちらかといえば文語的で、語源は「苦悩」なのかと思うのですが、意味するところは違うようです。クンゾー(けち)へつながるイメージがあります。

⑦　バクヨー

博労《ばくろう》のこと。牛馬や豚・山羊などの家畜を売買する人で、戦後もしばらくは活躍していいます。家畜の多い久米島へは、本島からもバクヨーが来ました。対等の交換は「タンカー　ゲールー」、劣るものに加算して対等に近づけることを「ウィー　ウチュン」といいます。玄人であるバクヨーに騙されることが多く、人々は「バクヨー　ヤ　アクヨー」といって、溜飲を下げていました。

豚を計量せず目算（ミーゾーロー）で取引することを「クルバシー」といいます。話がまとまれば「ムスビー」（契約）となりました。

⑧　クサフリ

いきなり病気のことですが、フィラリアのことをこう言いました。今では死語になっていますが、一種の風土病で、突然高熱を起こします。「象皮病」ともいうのは、体の一部（足など）に症状が現れることがあったからです。

「クサをフルウ」とは、本来草をふるわせてやってくる神の姿をそう呼んだようです。どうしてこの病名になったのかはわかりませんが、九州各地にも「クサをフルウ」病気（フィラリアでなく）があったようです。

⑨　ジールバタ

「いろり端」ということですが、産婦の産後一週間くらいの期間をいいます。裏座にジール（地炉＝いろり）があり、そこが産室で、産婦は夏冬とわずジールに火をおこしてあたるのです。母体の産毒を除くためだとのことです。

本土では、「血のケガレ」を遠ざけるため産屋（うぶや）を建てて別居生活したといいます。沖縄にはそのような習俗は見られません。

ジールバタを終えるころ赤子の「ナージキー（名付け）」、そして「マンサン（満産）」の祝いへと進みました。

⑩　ミーヌガーマ・ティーヌガーマ

ガーマ　カカユンは、「無茶な行為」と『しまくとぅば辞典』（波平憲一郎著）に出ています。親はよく「目（ミー）ヌガーマ　カカティン、手（ティー）ヌガーマヤ　チェーナラン」（見るだけならよいとして、珍しがって手に触れることはするな）と子どもをしつけていました。しかし、終戦直後いたましい事故が起きました。一人の少年が不発弾を拾ってきて「手ヌガーマ」をしたのです。そこへ数人の「目ヌガーマ」たちが集まり、全員爆死した痛ましい事故でした。

⑪ ナマターリムン・グヮンタリムン

「病気が長引く」ことを言うそうですが、久米島では「仕事をせず怠ける」意味によく使います。「ターリ」は、『沖縄語辞典』(国立国語研究所)によると、「憑《つ》くこと」とあります。「カミダーリ」は「神がかり」。また「費《つい》える」の意味で「ヒマダーリ」(時間を費やす)とも使います。

怠け者を「ナマターリムン」とも「グヮンタリムン」ともいいます。熊本県には「グヮンタレ」または「ガンタレ」という言葉があるそうです。『肥後弁辞典』(中川義一編著・熊本出版文化会館)によると、意味は「粗悪なこと」「ダメなもの」とあります。久米島では、体力があるのに田畑仕事をしない男には「グヮンタリムン」と同じ意味で「ウフゲーナー」(大腕)ともいいました。

⑫ オーラー(オーダー)

もっこ(畚)のことです。もっこはモチコ(持籠)からきた語だそうですが、縄で四角に編んで四つの角に紐をつけた運搬具です。本島ではオーダーですが、久米島ではオーラー、宮古・八重山でアウダ、与那国ではウダといいます。

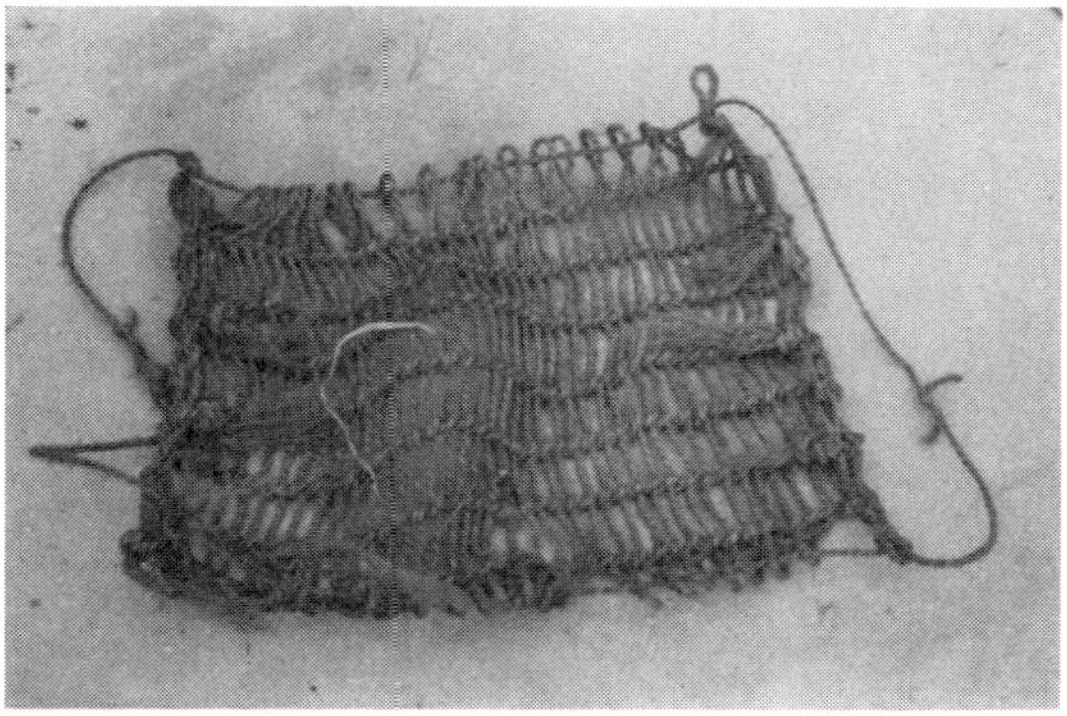

オーダー(もっこ)

語源を「安駄（あんだ）」（駕籠《かご》）と考える向きもありますが、熊本県にモッコのことを「おうだ（負駄）」という地方があり、これにつないで考えた方が妥当かも知れません。

⑬　カブシリ

カブシリは、女性が荷物を頭に載せるとき用いる輪のことで、草や布で作りました。かつて女性の二大運搬法の一つ頭上運搬に用いたもの。「ガンシナ」の名が本島では一般的ですが、全体的にはそうではありません。石垣島ではツケーまたはカプシともいいます。

「カブシ系」名称の分布は広く、竹富、西表、宮古諸島、慶良間、久米島、奄美の沖永良部、薩摩半島へと連なります。薩摩半島ではカンブシ、カンメブシといいます。

ガンシナ（カブシリ）
（粟国島）

⑭　ナックル　ナイハ（または「ナンクル　ナイサ」）

「なんとかなるさ」「自然にできる」と解されています。『古事記』のイザナギノミコトが、国造りをした際に誕生した「をのころ島」にも繋がる語だといいます。海を矛《ほこ》で掻き回し、矛先からポトリと落ちた潮のしずくが固まってできたのがオノゴロ島。「自然に」とはいえ、矛で掻き回すことがなければ生まれなかった。

努力の結果「ナンクルなる」という結果を待つべきでしょう。

⑮　タマシ・マブイ

驚くことを「タマシ　ヌギーン」（魂が抜ける）といいます。また「ウワー　タマシ」のように、自分の「取り分」をいう場合もあります。「マブイ」も魂を意味します。マブイも驚いた拍子に抜けることがあります。これにはちゃんとマブイグミ（魂込め）で対応しています。

「タマシヌネーラン」は「不注意」の意味。「ブタマシ」という場合もあります。逆にしっかり者のことを「タマシ　イッチョン」（タマシが入っている）といいます。

⑯　ヨンナー（ヨーンナー）

「ゆっくり」ということ。「どうぞ　ごゆっくり」の意味で使いますが、道で別れ際に「ヨンナー」と言われることがあります。目上の人には「ヨンナー　メンソーリ」（ごゆっくりおいでなさい）などといいます。「お気をつけて…」の意味を含んでいます。

台湾のアミ族の人たちも道で出会った後、別れ際に「ごゆっくり」といいます。沖縄に帰ったような安らぎをおぼえます。

⑰ チンラ

以前の話ですが、家内に「チンラのチブル（頭）」といったことがあります。首里うまれの家内は「針金に頭があるの」と話が進まなくなりました。

私のいうチンラは葱《ねぎ》のことで、久米島では一般にそういっています。本島では葱《ねぎ》に「ビラ」、韮《にら》には「チリビラ」といいます。久米島では韮には「ビラ」といいますが、どちらもねじれている気がします。久米島では、針金も葱も「チンラ」ですが、針金は語尾下がり、葱は語尾上がりで区別します。

⑱ チムグリサ

「可愛そうに」ということ。戦後の戦死者を悼み、生活に不自由している人を哀れみ、よく使われました。「肝苦しい」「肝苦しさ」からきた言葉といいます。

⑲ アブエー

「可愛そう」で、どうしようもないという心の状態を表す感嘆詞。「アブエー・チムグリサ」と使うこともあります。主に子どもに対して使っていたように思います。

⑳ レージ（デージ）

「大変」ということです。沖縄本島では、良いことには「イッペー・チュラサン」（たいそう美しい）といい、逆の場合に、例えば「デージ・ナトーン」（大変なことになった）といいます。久米島でも本来そうですが、近頃沖縄中の若者言葉で「デージうれしい」のように使うのが気になります。今や日本中が「ヤバイ」が良しに付け、悪しきにつけ使われる時代。目くじら立てない方が良いのかもしれません。ただ、久米島では、大変美しいの意味で、「デージナ　ツ（チュ）ラサン」ということがあります。

㉑ チカ、チカ

沖縄本島では、「チョーヂカ（経塚）」といいますが、久米島では訛って、「チカ」になったようです。浦添市の経塚集落には、金剛嶺と書いた石碑があり、その下に経文を書いた小石が埋まっているといわれています。むかし、日秀上人という偉い坊さんが、この土地の妖怪を鎮めたといい、それ以後地震が震うことがなくなったとの伝承があります。地震のとき、人々は「チョーヂカ、チョーヂカ」

と呪文のように唱えました。
久米島では、地震の時、「チカ、チカ」と年寄りは唱えていました。

㉒　月《チチ》ぬはいや　馬《ンマ》ぬはい

月日の経つのが早いこと。「光陰矢の如し」の意で、琉球ではこのように表現します。数百年の間戦もなく、早い弓矢の存在を忘れたのでしょうか。早いモノの代表は、馬だったのでしょう。月日の経つのは、ちょうど「走馬」のようだといいました。

㉓　クチとぅ　トーカチ

その日暮らしで、余裕がないこと。枡に米などを盛って斗かき棒または斗かき竹で平衡に切ります。口ぎりぎりの、ゆとりのない生活のことであり、そのような生活をしていることをいいます。

㉔　フニとフーニ

フニは「舟・船」、フーニは「骨」のことです。那覇では、「舟・船」「骨」どちらも「フニ」といいます。その混同を避けたのでしょうか。

㉕ ハーマ

「浜」のことです。那覇では「ハマ」ですが、久米島では、「ハーマ」と伸ばします。

五、宮本常一が見た沖縄――（宮本常一著『私の日本地図8―沖縄』）

宮本常一氏が初めて沖縄を訪れたのは、本土復帰を三年後にひかえた一九六九年であった。氏は、若い頃柳田國男や渋沢敬三の影響を受けて沖縄へ関心を寄せ、沖縄に関する文献を渉猟している。しかし健康上の事情や戦争の接近によって当時は断念を余儀なくされている。この初めての沖縄旅の滞在日数はわずか六日間。氏自身述べているように、民俗調査の旅ではなく、離島振興の仕事での旅であった。その小旅行で得た見聞が一冊にまとめられたのであるが、掲載された写真と独特の文章は、四〇数年をへた現在、当時を振り返って考えてみるのに大きな意味を持つように思う。

六九年当時の沖縄は、俗にいう「アメリカ世」であり、沖縄の米軍基地からはベトナムへ爆撃機が絶え間なく飛び立っていた。そういう中で氏は、かつての日米両軍の激戦地――しかも住民を巻き込んだ悲劇の地上戦の跡を見ている。そこは立木のいまだ繁茂しない「裸の島」の印象を抱かせる。それから広大な米軍基地やそれに寄りかかって繁栄する基地の町を見る。そして一見平和な北部の村落や離島へ足を伸ばすのである。

離島はといえば、道路事情をはじめ港湾の整備、電気・水道設備に至るまでのインフラの立ち後れが目立った。他県との経済格差のある沖縄であるが、その沖縄本島よりもさらに格差の大きい離島が多い。当時すでに進んでいた過疎化の問題がある。近代以後の日本は地方から人材をうばう政策をとった結果、離島や農村の疲弊が進んだと指摘する。

私は早くから氏と出版物の交換などを通じて、親交を深めていたが、氏の沖縄旅の最後の日に、私の勤務する博物館で初めてお会いした。当時は「琉球政府立博物館」という名称で、米軍政府の補助金で新築されたばかりの博物館であった。展示内容は米軍に迎合することなく、かつての琉球文化を広く紹介しており、氏はそれらに興味を示した。

宮本氏は、戦争で傷ついた人々や、本土復帰をすることによって異民族支配から抜け出し、平和憲法のもとで暮らすことを願う人々に同情を寄せる。同時に「単に沖縄の本土化をはかるだけが沖縄復帰の意義ではない」と注文も忘れない。それは沖縄の独自性・地理的優位性を生かし、大陸や南方への交流拠点にすることであると説く。それらの地域はかつて沖縄が琉球国と呼ばれていた時代の貿易国であることを、認識したうえでの発言である。

今年は沖縄にとって復帰四〇年の記念の年。大多数の県民が復帰そのものを評価している。しかし沖縄はいまだに巨大な米軍基地をかかえて喘いでいる現状だ。宮本氏がこの現実を見たならば、何と分析しただろうか。

この書は、平和運動や基地問題を扱ったものではない。離島県沖縄のさらに遠い離島に住む人々の暮らしや信条を伝えたものである。その意味では、今時の政治家にも一読して貰いたい書である。

第二章　祭祀の世界

一、南島の来訪神

はじめに

来訪神という神は、一種のマレビトであり、客人神である。その神は蓑笠姿であり、わらや草を身にまとって人里を訪ずれる。このような概念を来訪神に被せて、われわれは理解するものだが、古い時代の琉球国では、どうであっただろうか。

琉球では、王権と結びついて神職の枠組みを決め、聞得大君を頂点に据え、末端はノロやその下に一般神女を配置したいわゆるピラミッド型にして、祭祀の統一性を図った。王家の繁栄と永続性を祈願することが祭祀の本旨であったと思われる。村の麦粟や稲作の豊穣祈願を中心に村の繁栄を祈った。古琉球といえば、日本史では中世に同定されるが、『おもろさうし』に記録されている神女名にヨヨセキミ・キミヨセ・キミトヨミなる名がある。これらは航海神の分化した姿ともいわれ、漁村の守護神とも解されている。「ヨ」は「世」と表記するが、「穀」とも書く。

その時代出現した「君真物」の神は、年直りの神と考えられ、遠くからやって来る神、すなわち来訪神であった。この神は、通常人目につかずやって来る神であり、王権に結びつく神は、ほとんどの場合見ることのできない神として出現する。祭りによっては特定の神女に神が憑依することもあった。神が憑依した神女の行列は、しばしば直視することがはばかられ、畏怖されていた。

草を身にまとった「草荘神」は、王府周辺にはきわめて少なかったように思われる。王府のある首里からはるかに遠い土地に多く認められる、という特徴があるのではないか。見えない神と見える神が、混在するようになったのはいつごろからだろうか。由来譚などでは、さほど古くない場合もあって、一様に時代を特定することは難しい。ここでは、南島の来訪神の代表的なものを紹介したい。

南島とは、「古代から九州の南に点在する島々」を指すとされ、具体的には種子島・屋久島以南をさすようであるが、通常は奄美を含む琉球列島を指す場合が多い。本文では後者の範囲で進めていきたい。さらにここでは、「目に見える神」としての来訪神について紹介することにする。

ニールピトゥ

八重山の西表島古見・小浜島・石垣島宮良・新城島の四ヵ所のプーリ（豊年祭）に出現する仮装仮面の神。海の彼方のニーラスクからやってきて、稲粟の豊作をもたらすと考えられている。ニーラスクは、海の底の国と考える向きもあるが、いずれにしても彼方の理想郷すなわち楽土のことで、沖縄本島ではニライ・カナイという。八重山のある地域では、アカマタ・クロマタのことをニールピトゥ（ニーラスクから来た人）と呼ぶのはそのことを表わしている。

フサマラー

八重山波照間島の仮面仮装の神。「フサ」は草の意。「マラー」は宮良高弘によれば、「稀に訪れてくる者、つまり賓客を表す」といい、仮面仮装の神を指す。

ミルク

弥勒菩薩の化生といわれる布袋和尚の仮面を被って行事に登場する。八重山各地に多く見られ、その行列には、「大国のミルク神が、この八重山においでになり、ミルク世（豊かな世）がもたらされた…」という「ミルク節」が歌われる。伝承によれば、一八世紀に安南（ベトナム）に漂流した島人によって招来されたという。

首里の赤田にも旧暦の盆行事に出現するミルク神がある。こちらの方はもう少し古く、一七世紀末ごろの招来だといわれる。八重山のミルク面がデイゴの木で片面を作り、後方は布を被せるのに対し、首里赤田のミルク面は全面を籐皮（ヒゴ）で編んで紙張りし、胡粉で固めたものである。右手に団扇、

ミルク神（首里・赤田）

左手に錫杖を持つ。

盆アンガマ

八重山の盆行事に冥界から来た祖神の翁と媼の両人が仮面をつけ、他に頬被りをして笠を被った一団がこれに続いて各家庭を回る。舞踊を各家庭で披露するが、その合間には冥界の事情を頓知のきいた問答で紹介する。

アンガマ
(2016年　石垣市字新川　飯田泰彦氏・提供)

アンガマ
(2015年　石垣市字登野城　飯田泰彦氏・提供)

二、草荘神

仮面仮装の来訪神として、八重山地方のアカマタ・クロマタ神とマユンガナシの神、宮古島島尻の三例を紹介したい。とくに前者は、記録等に厳しい制限があり、撮影・録音は現在も許されていない。

アカマタ・クロマタ

八重山地方で現在も行われている旧暦六月のプーリ（豊年祭）に出現する仮面仮装の来訪神である。前述のように四ヵ所において行われ、西表島古見ではシロマタを加えて三神の出現となる。この行事は、男性による秘密結社的な性格をもち、関係者以外には明らかにしない部分が多い。この行事の発祥地といわれる古見集落には、つぎのような由来伝説がある。

むかし、ある家の男子が犬引きの猟のため山に出かけたまま、何日たっても帰らなかった。その子は死んだものとして弔われた。ところが、ある嵐の夜、母の待つ家に戸外から声があり、自分はすでに神になったこと、自分に会いたかったら旧暦六月最初のみずのえの日にどこそこに来てほしい旨を述べて消えた。指定された日にその場所へ行くと、瞬時ながら息子の姿が現れた。現れる場所は年によって異なり、豊年の年には村の近くに、凶年には遠くに現れた。村人は、この神は豊穣をもたらす神にちがいないと思い、その神の面を作って村の行事に再現するようになった。それ以来、神の出現はなくなった。

これは親神であるクロマタの由来話であるが、アカマタ・シロマタについては、安南から密かに持ち帰ったという渡来伝説があるようである。

稲や粟の収穫を終えた旧暦六月は、南島の新嘗儀礼の月と言ってもよい。その古くからの行事の上にこの仮面仮装の来訪神行事が覆い被さった状態でおこなわれているが、その起源については定かでない。これら四ヵ所の村では、ツカサ（神女）の司祭する行事とは別に男性集団によるアカマタ・クロマタの行事が行われるのである。

古見以外の三ヵ所では、各家庭を訪問してありがたい神の言葉を残していく。また、夕暮れ時にナビンドーと称する場所から出現するという共通点も指摘される。夕方から始まった行事は翌朝未明まで続き、村人の名残を惜しむ歌に見送られてナビンドーの森へ消えて行ってしまう。

マユンガナシ（石垣島）

八重山地方では、旧暦八月もしくは九月のツチノエ・ツチノトの戌か亥の日に「シツ（節）」の行事が行われる。シツは一年を二分した場合の下半期の初めのめでたい行事と考えられ、年の夜・若水汲みなどが行われるなど、新年を迎える正月行事に対比される。シツとは、年の節目であり、節変わりを意味する。

この日、石垣島の北の海に面した村々では、マユンガナシと称する神が出現した。つまりマユンガナシは、「歳神」である。伊原間集落では仮面を用いており、普段は石垣市立八重山博物館に保管されているが、祭りの日には村の祭祀場で神として礼拝される。しかし、この一例を別にすれば、他はことごとく廃村の悲劇とともに消え去っている。

ここで紹介する川平集落のマユンガナシは、他の村々とは異なり、よく伝承されて来ている。廃村の憂き目もなく、祭りが生き残った一例である。シツの初日、マユンガナシに扮する青年（原則的には戌年生まれ）が、黒衣を着け、笠を面深く被り、蓑を前後に着て手拭いで頬被りをし、六尺棒に土産用の編み袋を持つ、という出で立ちである。

日没後、村外れの聖地において清水で口をすすぎ、塩で体を清めてから遥かなる神の国ニーラスクに向かって拝み、家々へ向けて出発する。二神一組で家々を訪れ、門前および軒先で六尺棒を強く突き鳴らし、咳払いをして来訪を告げる。主人が客座に正座して出迎える。マユンガナシは、棒を伸ばしてそれに少々体をあずけるような形で立ち、カンフチ（神口。神の言葉）をとなえる。神の言葉の意味であるが、厳密には神への祈願の言葉でもある。その内容は、家族の健康と新年の豊作祈願、農作物の播種の季節などを説き聞かせる。低い声で、長々と唱えられる。

カンフチを唱え終えると、主人により客座に招き上げられ、お膳の料理で饗応される。マユンガナシは言葉を発してはならず、杖を突く音や咳払いによって来訪を告げ、身震いや蓑をサラサラ鳴らすことにより意志を伝えるのである。

家々をめぐってカンフチを唱えたマユンガナシは、翌朝未明元の聖地にもどり、扮装を解いて普通の人間にもどる。これで、マユンガナシの行事は終了するが、この川平集落にも由来伝説がある。川平がまだ山手にあった昔の話である。シチ（節）の大晦日に当る夜のこと、激しい暴風雨の中一人の旅人がパイヌヤー（南風野屋＝屋号）を訪れて一夜の宿を乞うた。

同家は貧乏暮らしではあるが、お客さんさえよろしければどうぞと快く迎えた。その客は神の化身であり、翌年も手に杖を持ってやって来た。そのことがあって以来同家の農作物は豊作となり、日ごとに裕福になった。三年目に南風野家を訪れた神は、村人の願いを入れて、人間が神に扮装してカンフチ（神口）を唱えることを許し、カンフチを伝授して去ったという。それ以来、マユンガナシ神の生まれ年である戌年生まれの青年を中心に、行事が行われるようになった。

パーントゥ（宮古島）

宮古平良市島尻と上野村野原（以上現宮古島市）で毎年行われる来訪神祭祀。パーントゥは怪物、または異形の神と認識されている。島尻では旧暦九月に二日間行われる。面が三つあり、三人ずつ延べ六人の若者が神に扮する。三人の若者は全身に蔓草をまとい、その上から旧集落近くにあるンマリガー（産井）という古井戸に入り、底に沈殿した泥を採って塗る。頭部にはマータと呼ぶススキの葉を結んだ呪具を挿し、旧集落の拝所を拝み、それから現在の集落に向かう。新築の家や新生児には泥を付けてもらうことが、ありがたく縁起よいことであるとされる。野原集落のパーントゥは、旧暦十二月最後の丑の日に一日だけ行われる。パーントゥ役とホラ貝吹きと小太鼓打ちは子どもがつとめ、その後に婦人の集団が続く。婦人たちはクロツグの葉を頭と胴部に巻き付けるが、泥を塗ることはしない。全員で御嶽に向かって拝み、新築の家の祓いをし、集落内の祓いをする。

平成五年、国指定重要民俗文化財に指定された。

今年（二〇一六）二月の新聞記事に「パーントゥ」が、秋田県の「ナマハゲ」や鹿児島県の「トシドン」とともに、世界遺産登録の候補に上がったことを知った。うれしいことである。いずれも村や家々に福をもたらす異形の神である。なかでもパーントゥは、全身泥だらけでやってきて泥を付けて健康や幸せをもたらして去っていく神である。

国指定の検討課題にのせた際のことである。国では、沖縄出身である私が担当することになり、県教育委員会の担当者と二人で、祭りの全容を調査に行った。

古集落に近い畑の中の古井戸の水が汲み出され、神に扮する若者が、身体に巻き付けた蔓草の表へ井戸の底の泥をまんべんなく塗りたくり這い出てきた。それから集落内へ繰り出すのである。こちらは民家の二階ベランダから、目下道路で繰り広げられているパーントゥと見物人のやり取りを

島尻のパーントゥ（宮古島市史編纂室・提供）

高見の見物を決め込んで安心していた。ところが、三神の内の一神が後ろに忍び寄っていたことに気が付かなかったのである。背後から抱きつかれて泥だらけになった。村の人々は、神のあやかりとして有難いと思う。新築の家も赤子も新車も神の加護を受けるのである。こちらも怒るわけにはいかない。それで無病息災が頂けるのであれば、有難いことであると思い直した。

東京に帰って、文化庁内での議論をへて、審議会に諮り、文部大臣（当時）から指定許可が出た。指定交付式には、島尻・野原から代表者が出席した。そのときになって一つ問題が起きた。内容の問題ではなく、形式的なことである。一方は、「自治会」なのに、もう一方は「部落」である。部落が事務官らの眼に異様に映ったらしい。沖縄には被差別部落の歴史はないことを説明して国の重要民俗文化財の指定となった。

おわりに

目に見える形の来訪神は、王府所在地の首里から遠隔の地方に多く行われてきている。由来伝承によるかぎりでは、大方が近世の創作、または伝播ないしは招来であったと思われる。ここに挙げなかったが、沖縄本島北部のシヌグ祭りの中には、男子の集団が草木の葉で扮装して杖を持って山から下って来る行事がある。いわゆる草荘神である。一種の来訪神であろうと思うが、主役はすべて男子である。アカマタ・クロマタもマユンガナシもその扮する主体は男性である。

つまり、王府主導の女性神職による祭祀組織とは別の行事が招来され、その担い手は男性である。

年変わりの折り目や豊年祭などの大事な日に、従来の神とは異なる神が訪れるというものである。その神の仮面や仮装は一種独特のものが多く、荒々しい神、恐ろしい神である場合が多い。今後の課題は、大陸や東南アジアとの比較研究ではないかと思う。

参考文献

宮良高弘「八重山の仮面仮装習俗」（『日中文化研究』5号　勉誠社　一九九二年）
比嘉政夫「沖縄の古層文化と中国」（『日中文化研究』5号　勉誠社　一九九二年）
諏訪春雄「日本の南島仮面」（『日中文化研究』5号　勉誠社　一九九二年）
崎原恒新「八重山の節祭」（『沖縄のまつり』まつり同好会　一九七一年）
大城　學「マユンガナシ」（『おきなわの祭り』沖縄タイムス社　一九九一年）

三、安里盛昭著『粟国島の祭祀』に寄せて

粟国島は、那覇の北西六〇キロの海上に浮かぶ島である。久米島から見る粟国島は、逆に北東に横たわる島である。久米島の東の高台に「太陽石」と称する石がある。数百年前の久米島の先人が太陽観測をしたと伝承されているが、粟国島は夏至の太陽の上がる指針に位置づけられていた。私がその粟国島に初めて渡ったのは、一九六八年春に行われた琉球大学民俗研究クラブの民俗調査団に同行した時であった。同島西集落の民家に大勢で合宿しての民俗調査は、私自身にとっても刺激的であった。

島を構成する地質は、西半分が凝灰岩地帯であるのに対し、東の平地は石灰岩地帯である。堆積したコーシチと呼ぶ凝灰岩地帯は、農地には不向きである。しかしながら崩落した岩塊は家々の水槽の材料となり、島人の生活を支えた。その水槽をトゥージというのは、手水鉢の「手水《ちょうず》」が語源だろうと思うが、形もお碗型である。もう一つ凝灰土質の利点は、掘り込み式の墓に最適であることだ。先年「正月十六日」の墓参行事を見に行ったのだが、沖縄本島のニービ土質の掘り込み式墓の上を行くすばらしさだ。石灰岩の小さな洞窟を利用した墓からの始まりというから、近世末か近代初めという浅い歴史ではあるが、墓地公園にでもする価値は充分にあると思う。

東に広がる石灰岩上の平地は、耕地に向いている。かつてはソテツ林が所々に広がっていた。その果実の澱粉は、島人ばかりでなく近隣の島々の人命を救った歴史がある。

歴史を遡ってみると、粟国島は久米島の按司時代に二度も按司の側室を送っている。その人が、悲劇の若按司である「笠末若ちゃら」の母であり、もう一人が具志川按司の側室として招かれた「がきのお戸」という美女であった。久米島の記録には、お戸に及ぶ者は一人もいないと書いている。

笠末《がさし》若ちゃらの母は、粟国の実家に戻されたと言われるが、「おもろさうし」巻二一に

「心切《うらぎ》らしや　見欲しや／離れ　居る　吾《あん》は……」

と歌ったのはこの母ではなかったか。母にことよせたおもろ詩人が母の心情を述べたものかも知れない。この不憫な母子に思いを馳せるのである。

さて、粟国島にはいろいろな祭りがある。なかでも夏の「ヤガン折目」と大晦日の「マースヤー」は有名だ。一昨年の旧暦六月二五日、安里盛昭さんに誘われてはじめてまつりの全日程を見学することができた。

『琉球国由来記』所載の御嶽は、ガダノコ御嶽、八重ノ御イベ、テラチ御嶽、ヲコノ御嶽、同中ノ御嶽、同ハイの御嶽、シマイ御嶽、アラバ御嶽、ヤガン御嶽の九つである。また祭場の「トノ」が八重、安次富、ガキ、浜、泊の五トノである。

旧暦二月と三月の麦の祭り、五月と六月の粟の祭りがあり、六月には「ヤガン祭り」という特筆すべき行事もある。

古くから水源に乏しく、飲料水の確保に苦労した。屋敷内には凝灰岩で円形に造った水タンク

「トゥージ」があり、海岸で造り、人力によって担ぎ運ばれたものである。島の歌謡「照喜名節」（一名ムンジュル節）は、舞踊化され広く知られている。

粟国のヤガンウイミ

粟国島で旧暦六月二四日から二六日まで行われる神行事。初日の夕刻、白衣に白鉢巻姿の神女が数人北のヤガン御嶽にむかい、神迎えをする。二日目は火の神祭りで、午後からトゥンと称する祭場で神酒や焼き魚を供える。祭場の庭の中央で「庭の御願」である。三日目は、ウフウイミ（大祭）と呼ばれるように島外に生活する出身者も帰省して大きな祭りとなる。この日の行事は朝《あさ》フララと夕《ゆう》フララからなる。ノロ座とスイミチ座と称する席にそれぞれ神女が座り、農作物の豊作、豊漁、島の繁栄を神に感謝し、来期の祈願をする。ウムイ（神歌）を歌う。夕フララは夕方行われる神行事で、小太鼓と銅鑼の音に和してクェーナ（神歌）を歌う。神送りをして祭りを終える。

ヤガンの神は荒ぶる神と見るむきもあり、この祭りはヤガンの神の魂鎮めともいわれている。しかし、それはヤガンの

ヤガンウイミ
（粟国島）

神を来訪神と見るかそうでないかによって決定付けられることであり、他地域の六月ウマチー（稲大祭）と比較すれば、稲粟の収穫後に行われる豊年祭とみることもできよう。

この祭りで語られてきた、北山（今帰仁）に救いを求めた話は、三山時代の古い伝承を伝えているのではないかと考える。人の住んでいない北海岸は、たえず外来者の寄りつく所ではなかっただろうか。そう考えると、英祖の時代の中山に島々からの入貢があったというのも、一時的なもので、政権が変われば初めからやり直しで、北山との交易が後世まで続いても不思議ではない。古琉球の祭祀を今に蘇らせているのではなかろうか。また、ノロ座と称する祭祀集団とスイミチ座と称する祭祀集団の存在も気になる。

ヤガンウイミの神饌（魚を焼く）
（粟国島）

第三章

屋敷内に家畜がいた頃

――もう一組の家族（久米島を中心に）

家族といえば、親子を中心に祖父母や孫・曾孫を想像する。それで間違いではないが、ふと立ち止まって振り返ると、私どもの過去の暮らしには常に家畜という同居者がいた。町方では、豚や鶏、それに愛玩用の犬猫に鶏、時にはメジロを籠で飼うくらいであったろう。

しかし、農家では、大小の家畜を飼育した。農耕や荷物運搬に使役する牛馬の大型家畜。それ以下の中小家畜は、食用の対象にされたり肥料の生産に利用されたりすることが常であった。農作物の生産に利用されたばかりでなく、食生活を豊かにしてきた身近な存在であった。

ここでは、かつて久米島で飼われてきた家畜とその周辺を拾いあげて、家畜がどの農家にもいた頃を思い出して、家畜が家族の一員として大いに人間社会を支え、豊かにしてくれたかけがえのないもう一組の家族であったことを再認識したいものである。

大型家畜である馬や牛から、述べて行きたい。

一、馬

十二支でいう「午《うま》」は、「子《ね》」から数えて七番目であり、方角で南、時刻で午前一一時から午後一時まで。午後一二時すなわち正午である。正午を境にそれ以前を午前、以後を午後というわけである。

馬の登場

馬には、乗馬用の馬と荷物を運ぶ駄馬がいる。乗馬用には、競走馬も含まれる。

考古学者の佐原真著『騎馬民族は来なかった』によると、馬が北アメリカ大陸で誕生したのは、六千万年前で、人類の誕生の一五倍も古いという。そして『魏志倭人伝』に「牛馬無し」とあり、後の戦国時代を通じて馬は欠かせない存在となった。

馬は神様の乗り物として、神社では「神馬」として立て、絵馬堂には絵馬が奉納されている。種々の祭りに利用され、走る馬上から矢を放つ流鏑馬《やぶさめ》があり、蹄の痕跡により年占いをする事例も本土各県には見られる。

琉球にいた馬といえば小型馬で、ジザーまたはジーザーといった。在来種の意か。一四世紀以降中国への進貢貿易に貢馬にされた馬は、宮古馬や与那国馬のようなものといわれている。馬蹄が頑丈の上粗食に耐え、それに力持ちときているから、明朝の万里の長城建設に使役されただろうという。

久米島への馬の渡来

久米島への馬の伝来は、いつなのかは分かっていない。一四五六年に久米島へ漂着した朝鮮人梁成の記録によると、島には牛馬がいるとある。堂の大親（または比屋）に関する伝説で、『琉球国由来記』によると、一四世紀末の察度王時代、堂の大親が善馬を飼育していたのを唐人に与えたことが発端となり、その後琉球と中国との間で、朝貢貿易が始まり、馬を送るようになったとある。信憑性が疑われるが、硫黄とともに琉球馬が貢物であったことは史実である。また『球陽』には堂の大親と親交の篤い本部の健堅大親の名馬が登場するが、いずれの話も信用しがたい。

「木綿花節」の一節に「あに走ゆる馬に　鞭《ブチ》ゆかけみせみ、鞭や控《ひ》けみしょれ　我年語ら」がある。按司時代の物語を後世歌に取り上げているが、按司時代に乗馬用として飼養された可能性はあると思う。

沖縄では、古くから馬の夢は、神事に関わることとして、人々に強く意識された。久米島では、稲の祭りに神女を乗せて祭場を巡った姿が、戦後まで一部の集落で見られた。

月日の過ぎていく速さを、本土では「光陰矢の如し」という。しかし日本の戦国時代と異なって小型馬を平和使役した琉球では、「月《チチ》の走《ハ》いや　馬《ンマ》の走《ハ》い」といった。近代に入って沖縄に馬車が入り、運送に大きく貢献した。久米島は沖縄本島よりもさらに遅れ、昭和期ではないかと考える。一つには雑種馬が入り、従来の在来馬よりも一段と大型化したことであり、もう一つは、道路が整備された昭和七、八年頃の県道整備まで待たなければならなかったからである。

日常会話のなかに「馬の背を分ける雨」というのがある。馬の背骨を境に片方は雨、片方は降らない夕立などの現象をいう。沖縄でいう「カタブイ（片降り）」である。

馬に関することわざ　など

馬は陽気な気性で、「春駒」などを想像する。那覇市辻町の旧暦一月二〇日の「ジュリ馬」は、本土の春駒の流れを引くものであろう。「馬舞者」は、竹富島の「種子取祭」など、地方にも伝承されている。

馬は神性を持つ反面、神馬や駿馬とはかけ離れた処に置かれて間抜けの扱いで比喩されることもある。「馬耳東風」や「馬の耳に念仏」という。ボロを出すことを「馬脚を現す」という。長い顔の人を「馬面」、何者かを問う意味で「どこの馬の骨か」という。自分の年齢を謙遜して「馬齢を重ね」という。「駿馬のつまづき」を沖縄では「走馬《ハインマ》のきっちゃき」といった。沖縄本島には、昭和初期頃まで「馬手間」という習俗があった。婚姻に因むもので、特に他シマへ嫁ぐ花嫁のシマの若者たちが、他シマからやって来る花婿に対して、杵や竹竿を馬に見立ててまたがせて、シマ中を引き回す婿いじめをした。それをさせたくない花嫁の家から若者たちに金銭や酒などを振る舞うが、それを「馬手間」または「馬酒」といった。

軍　馬

中国のことわざに次のようなものがある。

「将を射んと欲すればまず馬を射よ」

大きな目的を果たすためには、周辺のちいさなことからかたづけよ、ということである。古代から洋の東西を問わず、戦に馬を使役してきたのである。近代に入っても、中国大陸ばかりでなく、沖縄戦でも多くの軍馬が犠牲になったという。軍国少年の間で歌われた歌がある。

「僕は軍人大好きだ／今に大きくなったなら／勲章付けて剣下げて／お馬に乗ってはいどうどう」

悪童どもには、これでは収まらず、その続きがあった。

「ワッターお父や／連隊長ドゥヤシガ／ヤシガ、ヤシガ／馬ヌ糞　拾リヤー」

暮らしの中の馬

近代以前以後の久米島は、大方は農家であり、運搬や農耕に馬を使役した。馬を取引する商人といえば博労《ばくろう》である。もと伯楽からきた名称という。沖縄では「バクヨウ」といった。馬を農家に売りつけたり、買い取ったりした馬商人のことである。馬同士交換することもあった。この場合、どちらかが優れ他方が劣っていることがある。その場合「ウイを打つ」といって差額分を金銭で上乗せするのである。専門のバクヨウに勝てるはずがない。騙されたと分かったときは、すでに遅しである。農民は「バクヨウはアクヨウ」といって、自らを慰めるほかなかった。農民も知恵が付いて、馬の歯の減り具合をみて、大まかな年齢を知るようになった。

年中行事の中の馬

旧暦四月のアブシバレー行事には、ムラ人全員がそれぞれのムラの浜へ行く。それを「ハマウリー

（浜下り）」という。男の子は爪揚げ、女の子はサダク（浜木綿）の皮を剥いで膨らませて遊ぶ。青年は、全速力での競馬と沖縄相撲に興じる。鳥島集落のできる一九〇三（明治三六）年以前は、集落地は馬場であったから、まず競馬を楽しみ、馬同士喧嘩をさせる。馬は最初のうちは前足をあげ、噛みつきあうが、次の瞬間座って争うという。馬の弱点は足であることを、両者とも認識しているという。

馬の制御

馬を制御するものは面掛《おもがい》と手綱《たづな》である。面掛のことを沖縄では「ンムゲー」という。本土では、金属の轡《くつわ》であるが、沖縄では木製で二本の横木の中央に突起をつくり、それを馬の頭から掛けたものである。鹿児島の下野敏見氏、小島摩文氏が広く調べた結果、木製で頬骨を締めて制御する方法をとる国や地域が多いそうである。手綱は馬の左側に付ける。馬を左に方向転換させる際は、手綱を引っ張る。右へ導く際は手綱の端で左の尻を叩く。歩行を促す際は、「チョッ　チョッ」と舌打ちする。止める際は「ドウ　ドウ」という。

夜道を馬の背で揺られていく時、歌を歌えば、耳をそばだてて聴いてくれる。決して「馬の耳に念仏」ではない。現在どの地域に行っても、ほとんど馬の姿を見ない。久米島もいつの頃からか農業用小型トラック時代になった。能率を選ぶ時代では仕方のないことかもしれないが、大事なものを棄てたような気がする。沖縄本島では、今帰仁の仲原馬場、旧美里村登川（沖縄市）のビントー馬場、首里の平良馬イー、大里の稲嶺馬イーがよく知られている。久米島では、仲里比嘉の馬場、具志川上江洲の馬場がある。具志川では、一九〇三年硫黄鳥島からの移住があり、海岸近い所に馬場と闘牛場があったという。創立間もない西銘小学校では、馬場を生徒の運動場として使用していた。鳥島移住前に学校が現在の大岳小学校の場所に移動し、その南に馬場もできた。馬場を地元では「ンマバ」といった。

馬ハラシー

競馬のことを「馬ハラシー」という。大きな広場に楕円形の線が引かれ、サラブレットが走る競馬とは似ても似つかない。直線の道路のような広場を走るのが琉球式の競馬である。大股で駈けるのでなく、人間の競歩のようにどちらかの足が地に着いていることが条件である。西洋の馬術に似ているところがある。乗馬用の鞍に金属製の鐙《あぶみ》を吊っている。那覇など町方では、旧暦五月の節句の一環として古くから「四日の日」行事があった。「爬龍船」すなわち船漕ぎ行事の日である。この日子ども向けの玩具市が立った。玩具は張り子がほとんどで、その中に「チンチン馬グヮー」というものがあり、子どもたちの夢をかき立てたという。

馬の歩み方に、アッツン（常歩）、イスジアッチ（速歩）、トゥンジバイ（駆歩）といったという（久米島『比嘉誌』二〇一六）。

馬場をンマイー（馬追い）という。那覇には「馬上《ばじょう》」という姓があるが、このンマイーに関係するという。

馬小屋

農村の屋敷は、一般に東が上位であり、家畜は反対に西の場所である。門の正面に人家の母屋、その西隣に台所を建てる。畜舎は南西から西、北西の場所に建てる。そこをズバヤー（ジュバヤー）というのは「牛馬屋」の意であろう。名の通り牛と馬が同居する畜舎である。

馬の餌

馬は草を主として食う。田の畦草を好む。自家の畑の端にマグサを植えることもある。飼い葉桶に糠とサツマイモを煮込んだ汁を入れて一日一度は与える。これを「ハミ」といった。

小学校の高学年からは、馬の草刈りを任される。夏の草の生い茂る時期はよいが、秋から冬にかけては一つかみの草を刈るのも大変な作業である。子どもは労働の合間にも遊びを忘れない。数メートル先に立てた杭にそれぞれの鎌を輪投げの要領で投げて、杭に最も近い鎌の持ち主に一掴みの草を渡す遊びである。寒露の季節になると「鷹渡り」である。この時期にはハブの卵が孵化する。黄色い子ハブで「チンハブ」と言うが、子どもたちは「鷹ぬクルマチ」とも呼んだ。鷹がやって来るのを待っているの意味なのか。

馬の性格

馬は暴れ馬、咬み癖のある馬もいる。おとなしい性格ばかりではない。馬に蹴られて鬱血《うっけつ》することもある。それをウチチといい、瀉血《しゃけつ》をして治療する。

馬にも表情がある。耳や目を見ればよく分かる。音を聴く場合は耳を前に向ける。攻撃する時は、耳を後ろに倒して歯をむき出す。

馬には、爪先にとりつく病気がある。沖縄では「ハシ」といい、直すには獣医師の仕事となる。民間では、海の潮に馬を立てておけば治ると言われたが、実際の効果は分からない。

消えた職業

馬に関して幾つかの専門的職業があった。馬の爪を保護する蹄鉄。その蹄鉄をつける蹄鉄業をチミクマサーといった。牡馬の去勢（これはほとんど獣医師が扱った）、馬具屋、種付け屋、馬車による運送屋などである。

馬の角

久米島仲地集落の浜川家には、世にも珍しい「馬の角」なるものがある。一八世紀の中期頃、この家の先祖が、間切のトップの地頭代を努めた頃、行政的な業績や貧困者に対する救恤が評価され、褒美として王府から、王子帯とともに下賜されたものである。この角をめぐって、戦前戦後論争の的になることがあった。馬に角がないことを知りながら、王は浜川家の先祖をたばかったなどという。当時の人々が驚き、珍しい有りがたい貴重な品として観たであろうことに思いをめぐらせたいものである。

現代的な科学の視点で観るのもよい。仮にオリックスの仲間の角だとすると、中東やアフリカの砂漠や草原を駆け回っていた動物である。一八世紀の琉球へ渡ってきたことに、歴史のロマンを感じるのである。馬の角ほどに貴重な品であることに目を向けたいものだ。当時の王府においても珍しい貴重な品であったに違いない。その貴重な品を久米島へ、久米島の役人へ下賜したこと自体大変名誉なことだったのである。

馬にまつわる話

ムラには面白い人が一人や二人はいるものだ。いつも乗馬せず、馬の背には荷を負わせて手綱を引いて家から田畑との間を往復する人がいた。ある日、馬を引いて畑まで行って後ろを振り返ってみると馬がいない。面掛が抜けて、からの手綱を引いていたのである。後戻りして馬を探すと、馬はのんびり道草を食っていたという。

ある酒飲み男の話である。他の集落で酒を飲み、帰りは馬の背に乗って揺られているうちに、すっかり酩酊してしまったが、馬は賢いもので、自宅まで無事届けられたという。

最後に一言。「馬には乗ってみよ、人には添うてみよ」という。何事も経験してみなければ分からないという意味。

禁忌に関することで、次のようなものがある。「妊婦は、馬の手綱をまたいではいけない」という。馬は一二か月で出産するので、そうならないためという。

二、牛

十二支でいう丑《うし》は、子《ね》年から数えて二番目である。時刻にして午前一時から三時の間。「草木も眠る丑三ツ時」というのは、午前二時から二時半という。方角は北東。馬の俊敏さに対して、牛は鈍い感じを受ける。古い時代、サトウキビ圧搾車の梶棒引きは牛であったが、能率を上げるため、馬に変わった。牛に犂を引かせて田畑を耕転するのは古く、その犂を沖縄・奄美では、ウザイ、ウィザイ、イーゼーなどという。先島諸島では、ヤマ、牛ヌヤマ、田スキヤマなどという。いずれも形は同じ長床犂である。昭和期に入って改良型の無床犂が普及し、牛から馬へ転換している。

牛の飼養

牛小屋も馬屋と同家屋の中に設定し、餌受け台を設けている。牛の鼻の左右を木製の尖った用具を用いて貫通してそこへ手綱を通す。以前は金属製の鼻輪でなく、縄を通して先端が抜けないように木製の輪をはめた。牛の草刈りは、その家の主人あるいは年配者の仕事とされた。

牛の歩みという。本土のお盆には、胡瓜と茄子に竹の足を付け盆棚に飾る。馬と牛を表すといい、精霊が家においでの際は馬に乗って早く、戻る際は牛の背でゆっくり帰ってください、という意味がこめられているという。国会議事堂で時々見られる「牛歩戦術」というのは、牛の歩みにならい最大与党に対して少数野党が対抗する戦術である。

牛馬の小屋には、ワラや草を敷いて肥料を作る。一定期間の後肥料をフォークで出して積み上げ、堆肥にする。その堆肥はキビ畑や田の肥料となる。農耕から酪農へ移っている。

牛肉食

大型の家畜すなわち牛馬の肉食は、あまりなかった。沖縄本島北部には、「牛焼き」という行事がある。一族の古い先祖墓に牛肉汁をお供えした後、血族の皆も牛肉汁のごちそうにあずかるのである。中部の旧美里村あたりでは、カンカーまたはシマクサラシという除災行事があったという。集落で牛を屠畜し共食した。カンカーは、「金の日」つまり　かのえ（庚）・かのと（辛）の祓えの行事である。粟国島でも行われていた。久米島では、年中行事の中で定期的に行われたかは不詳であるが、流行病のときは臨時的にそれらしいことを集落内外で行ったという。牛の幼児語は「モーモー」である。海の巻き貝（螺）にもモーモーという。

明治のころまで、牛馬の屠畜は禁じられていたらしく、老齢化し、あるいは足の怪我により農耕に使役不能であり、後継の若牛を確保しているので、屠畜することを許可してくださいと願いを出している文書が残されている。

久米島西銘の旧家に残る記録によると、葬式の際、牛一頭、豚一匹、酒一斗消費したという。このことは、伊波普猷「古代沖縄の葬制」にも、真謝の元村長仲原善久氏の話として紹介されている。これは、分限者による一般住民への一種の施し、あるいは恩返しであった。「牛・豚を食べに行こう」と葬列に加わったという言い伝えもある。本土で言う葬式の投げ銭に相当するものであろうか。このことを禁止する記録（『久米具志川間切規模帳』（道光一一＝一八三一））がある。これに関する部分を口語体で紹介したい。

「葬儀は、分限に応じて執り行われるべきところであるが、守られていない。茶毘の過美をもって孝行と心得違いし、また葬式は愁傷一遍のことでいっぱいのはずであるにもかかわらず、牛や豚を屠畜し、墓前で酒盛りをする者も家中の痛みはもちろん人情の本意を取り失い、甚だ愚昧のことで、言語道断である。今後定めの通り、分限に応じ茶毘の物入りが過美にならぬように」

闘牛

闘牛といえば、スペインのような人と牛の闘いではない。牡牛同士のいわば格闘である。村々に円形広場の周囲を盛り土に

久米島の闘牛（久米島博物館・提供）

したものがあり、これをウシマー（またはウシナー）という。久米島の旧具志川村側では、大田・大原・西銘・仲地・具志川などにあった。闘牛用の牛をクティウシといい、飼い主は草やハミに気を遣い、他牛との格闘を想定した稽古に励んだ。

農耕

牛は、農耕に向いているといわれ、田畑の犂は床木の先にペン先のような鉄製の犂先をつけた古風な「長床犂」を引かせた。稲作地帯では、「踏《ふ》み耕《こう》」が行われていた。人と牛が一体となって、何度も田の中を回りながら、田の粗い土を踏み砕いて、田植えに備えた。古文書にも踏み耕の指導文言がある（『間切規模帳』）。

昭和期に入って、八重山地方には台湾から水牛が導入されたが、久米島ではほとんど飼養されなかったようである。

牛に関することわざ

「角を矯《た》めて牛を殺す」。少しの欠点を直そうとして、手段を誤って、本筋を駄目にしてしまうこと、という。「過ぎたるは猶及ばざるが如し」という『論語』の言葉を思い出す。

牛の角は、加工して刻み煙草入れにし、粋な男が腰にさげていたものである。

「鶏口牛後」という言葉がある。正確には「鶏口となるも牛後となるなかれ」小さな集団の長となる方が、大きな集団の尻にいる者より良いということ。牛には悪いが、沖縄には、当てはまる事柄が多い。

「ウシ」という人名

以前は人名に動物や道具類の名を付ける慣習があり、その名は祖父母から孫へと受け継がれた。ウシという名は、男女共通である。呼ぶ時は「ウシー」と伸ばす。身分の高い家系では、接頭語の「真」を冠して「真牛」と書き、呼ぶときは「モーシー」という。庶民だと、ウサー（またはウシャー）といい、位牌には「宇志屋」と記載されている。

子牛が母牛からはぐれた時、飼い主は「バヨーイ」と子牛を呼んだ。

三、豚

豚はウシ目の家畜で、イノシシが家畜化したものという。豚を沖縄口で「ゥワー」と一般にいう。久米島では「ワー」と発音し、本島で喘われる。一五世紀に与那国に漂着し、那覇まで送られ帰国した朝鮮漂流民の報告が『李朝実録』に記録されている。これによると、当時の那覇の町には、豚肉が売られているが、先島にはまだ養豚はなされていない。餌になる甘藷が普及した一七、八世紀後、養豚も普及したものと思われる。

豚小屋

豚舎のことである。沖縄本島では、フルというが、久米島ではフールと言う。屋敷では北西の隅に東向き、または南向きに造られた。一般農家では切り妻の茅葺きが多く、裕福な農家は瓦葺きとなる。王府時代末から近代にかけて、石組みの豚舎が有力者の家で建造された。周囲を石で積み、豚の寝る奥の部分の屋根を石で造っている。俗にガンチョーフールというのは、豚舎二囲いの屋根が眼鏡に似ているからである。これをマチフールともいう。マチとは、石橋や亀甲墓のアーチ形と同様の造りだからである。豚がミミズを食うために、土を掘り起こさないために床面も石を嵌めるか、後にはコンクリート張りにした。

国構えの中に豕を書いた文字「圂」を音読みは「コン」、訓読みでは、「かわや」という。古代中国で豚便所であった証拠であるという。沖縄の便所もその流れを汲んだもので、豚舎の前に排便用の口を設けている。韓国済州島の豚便所もほぼ同様であった。済州島では、便所のことを「トゥンシー」という。これは禅寺で言う「東司《とうす》」からきているようだ。してみると、沖縄で「トゥーシヌミー」といったのも「通す孔」ではなく、「東司の孔」の可能性があるのかもしれない。ついでに話すと、昔久米島では、この孔に足を踏みはずした場合、近くの石橋をくぐらなければならなかったと古老から聴いたことがある。

豚舎の肥料は、山羊小屋の肥料と共に上質なので、野菜畑に主に使用される。

養　豚

豚の子を買い入れるのは男の仕事で、後の飼養は主婦の仕事であった。乳離れした子豚をアカリー（またはアカラー）といい、その中から選ぶ。その選定は、餌の食い方できまる。運んできて豚小屋に入れる前にぼろの切れ端で綯って作った縄に火を点け（カコー火という）、豚小屋の中の祓いをする。

小屋の中には、餌桶が設置される。松の木や赤木が良く用いられた。それをトーニという。語源は、「田舟」というが、形や大きさ、用途も異なる。豚は野菜を好み、芋（サツマイモ）と糠を混ぜた汁を餌にした。「ウワーヌムヌ」といった。

戦前戦中までの豚は大方在来種のアグーという黒豚であった。久米島では「島ワー」といった。

戦後外来豚のバークシャー、ヨークシャー、ハンプシャー、ランドレースなどの大型種が普及するようになった。

肉豚を売る

子豚から大豚になると、豚商人が買いに来る。豚小屋の床に豚を横倒しにして、前足、後ろ足をそれぞれ縄で結び、二つの縄へ大縄を掛けて結ぶ。その大縄へ大きな竿秤を掛けて三人がかりで重量を計る。しかし、それをせず、小屋に立てたままで、取引することがある。飼い主と豚商人がそれぞれの見立てを主張する。この目分量のことを、ミーゾーローという。このような取引きをクルバサーという。主婦は毎日豚の餌やりで接しているので、豚商人に負けないほどの目利きがいた。

豚の幼児語は、「タッター」である。

正月豚

一月に求めて飼養した、乳離れの子豚も年末までには、肉豚になる。旧暦暮れの二七日、八日には、ほとんどの農家で豚を屠畜する。そのなき声が集落中にみなぎったほどである。年中行事の中に「ワークルシー」(豚屠畜の日)が位置づけられるほどである。屠畜専門の業者がいるわけでなく、家族に勝手の者がいない場合は、心得のある人に頼むことになる。

豚を豚舎の前の庭に出し、頸動脈から鋭い刃物で血を抜き、身体全面に熱湯をかけて毛をそぎ落とす。それから開腹して内臓を出し、肉をはぎ取る。屠畜の日は大鍋に骨や肉に大根・人参を加えて煮込んだ豚汁をつくり、近所や親戚を招いて共に夕食をとる。先に採った血を肉や野菜とともに炒めた「血イリチー」は最高の料理である。正月三ヶ日用の肉を取っておき、あとは骨にいたるまで甕に塩漬けする。甕でなく、カマスにくるんで、台所の片隅に吊して保存する地域もあった。塩漬けの肉は、七日節句や二十日正月まで保存した。

沖縄本島で正月二十日の塩漬け肉のことを「ウッチンタージシ」という。甕の底からうつむいて肉を取ることによる呼び方という。皮下脂肪や内臓脂肪は、鍋で熱して液化して、食用のラードとして、炒め物に用いた。油脂を満たした容器を、アンダガーミ(脂甕)またはミミチブ(耳壺)といい、縄を壺の外に付けたミミの孔から通し、台所の桁に付けた鉤に吊り下げて保存し、夏以後まで食用にした。

沖縄本島の北部地域では、豚の屠畜を「豚焼き」という。元々豚を、山羊のように毛を焼いたからという。そういえば、済州島の豚屠畜もわら火で焼いている。台湾の少数民族も漢人社会から熱湯法が伝わる前は、毛焼きであった。焼いた方が臭いも良いという。

農家一軒で一匹の豚を屠畜するが、それが出来ない家では、二軒で一匹、三〜四軒で一匹という場合もあった。正月豚を屠畜した後に飼養する豚を「アシゲー」という。

豚の屠畜業が、僅かに存在した。その人をワーサーと呼ぶ。豚肉は、ワーヌシシといい、その肉を売り歩くのは女性で、シシウヤー（肉売り）といった。

飼い分け

貧しい農家では、裕福な農家から子豚を借り受け、一年近く飼育して正月に屠畜し、半分けした。飼い分けのことを「カレーワーキー」といった。

豚に関わる職業

豚を取引きする商人を別にすれば、去勢師、種付け屋がいる。早く肉豚にするには、雌雄共に手術をしなければならない。雄豚は後ろに垂れている睾丸を伐り取るだけなので、素人でもメス代わりのナイフで執行したが、雌豚は横腹に孔を開け、指を入れてイラ（卵巣）を切り取らなければならない。素人に真似のできない専門業である。糸で縫い合わせた後消毒をして終了である。消毒液のない時代、鍋墨と油脂に食塩を混ぜ合わせて塗り薬にしていた。この去勢師のことをワーフグイーといった。

雌豚が発情することを、クリユン（またはクリトーン）という。種豚のことを「アッカサーワー」という。子豚を出産した母豚をアヒャー　ゥワーと沖縄本島でいう。久米島ではアハー　ワーである。

因みに朝鮮の人々が、日本人を揶揄する言葉がある。「豚の足」である。爪先が二つに分かれている豚の爪先のように草履や下駄を履くところを嗤ったのである。

豚舎の神

台所の竈《かまど》神は、霊前に優先するという。屋敷の東または四隅の屋敷神もそこに住む家族を守護すると考えた。それとは別に豚舎の神も強力であると信ぜられている。夜道を帰宅すると、室内に入る前に、豚舎の前で豚を起こしてなかせる。そうすることによって、後をついてきた邪鬼を撃退すると信ぜられた。また、子どもは、物事に驚いて、よくマブイ（魂）を落とすといい、その場所が特定できれば、その場所でマブイグミ（魂籠め）するが、その場所が分からない時は、豚舎の前でマブイグミを行った。フルの神は、霊験あらたかという。

四、山羊

辞書に、「ウシ科ヤギ属の家畜」とある。食用、毛皮用に中東やアフリカで古くから飼養された。ヤギを沖縄でヒーザーまたはヒージャーというのは、ヒツジャー（ひつじ）からきた呼称という。山羊小屋は、牛馬小屋に並べて屋敷の西に東向きに建てる。床面に杭を打ち込み、首に巻いた縄を縛って飼養する。

山羊の餌

農家での男の子の仕事は、山羊の餌刈りから始まる。沖縄の童謡に「イッターアンマア、マアカイガ、べーべーぬ草刈イガ、べーべーぬマサ草ヤ、原ぬ若ミンナ」母は山羊の好物である畑のミンナ（るりはこべ）を刈りにいったのである。山のない地方で出来た童謡であろうか。山の多い村落では、山の木草が主体となる。サツマイモの葉や垣根の仏桑華の葉もよく食う。餌の少ないときや刈り忘れのときは、凄く大声で空腹を訴え、草刈り担当を困らせる。男の子は、山羊の草刈りで、その好物を知り、草木の名前を覚えた。

山羊の子を買えない家では、雌の子山羊を借り受け、大きくなるまで飼養し、子どもを産ませてその中から一匹もらって自分のものにし、母山羊と別の子山羊を貸し主へ返す。もらった一匹の雌山羊から更に増やして、山羊の家族を作るのである。

山羊の幼児語は、「ベーベー」である。伊平屋島で六つの角をもったスイジガイを「ベーベーナー」という。角の類似性から付けた名称である。ベーベーナーは、豚舎の入り口に吊り下げて、魔除けにする。

年中行事の中の山羊

山羊を屋敷外へ連れ出すことはめったにないが、年に一度は集落の集会所の庭へ連れ出した。それは旧暦十二月八日のムーチー（鬼餅行事）の日である。若者たちが手塩にかけて育てた雄山羊同士を角突きさせるのである。前足を高く上げ、後ろ足で立ちはだかり振り下ろす角と角の豪快な音は、見物人を圧倒し昂奮の渦に巻き込むほどである。

山羊料理

山羊を屠畜するには、戸外で後ろ足を縄で縛り、木の幹に逆さ吊りして血を採り、それから木から下ろして藁火で体毛を焼く。きれいに焼けたら、解体する。焼けた耳を先に食べるのは屠畜人の特権とされた。屠畜も以前は専門家がいるわけでなく、身近な男性が執り行った。

山羊料理は、その臭いのせいか、祝儀はもちろん不祝儀にも出ない。大きな行事の後の慰労会に食用にされる。学校の運動会前に開かれる集落の選手の栄養会、家普請の屋根葺き後、あるいは結婚式後の手伝い人の慰労に、模合《もあい》の集まりなどである。

山羊料理といえば、少し大げさだが、普通は山羊汁と山羊刺身である。山羊汁には肉に加えて内臓も入れる。添える野菜は、野草のヨモギが一般的であるが、桑の葉、長命草（ボタンボウフウ）などを加える地方もある。

汁に酒（泡盛）を数滴落とせば風味がよいという。刺身は保健衛生上の立場から、一定時間冷凍しなければならず、また屠畜には、保健所の職員の立ち会いが義務づけられており、豚同様に自由な屠畜は禁止されている。

山羊汁を食した後の心得がある。山羊の脂肪の凝結点が低いことから、食後に冷水を飲むことは禁物である。

放牧された山羊

一九六〇年の夏、師に随行して宮古多良間村の水納島を訪れたことがある。小さな島の一角に山羊を放牧しており、捕らえることが大変だと島の住民は話した。大勢で漁網で囲んで捕らえるという。また後に、無人島の硫黄鳥島の踏査に加わった時、島の住民になり、野生化した山羊を見た。

近づくと、人間の背より高く伸びたススキ原の中のけもの道を走り抜け、ついには、人間が近づけない岩山に登ってしまった。

ヒージャー郡長

琉球国が沖縄県になったときの初代県令は、佐賀県の鍋島直彬であった。その配下に警察官として随行し、後に沖縄県属になった齊藤用之助がいる。明治末に島尻郡長と那覇区長を務めた。在任中に、硫黄鳥島の大噴火があり、住民のほとんどを久米島に移住させたことで、よく知られている。住民とじっくり話し合う姿勢を崩さなかった。人々とともに山羊汁を食べ、あだ名を「ヒージャー郡長」とよばれ、住民から慕われた。

第11代島尻郡長・齊藤用之助
（『齊藤用之助資料』南部振興会 1999年）

五、鶏

十二支の酉は、西の方角。時刻にして午後六時頃。その前後約二時間をさす。単に「トゥイ」という。一五世紀、朝鮮漂流民のみた先嶋地方では、鶏がいるが食用はなかった。それは時を告げるなど神性をもっていたからであろうという。

いろいろな種類がおり、一般的なカラハは、ハートゥヤーともいう。インドネシア、ジャカルタの古名「カラパ」に由来するものか。鶏合わせ（闘鶏）には、軍鶏《しゃも》。シャモはシャム（タイの古名）。沖縄で、タウチーと呼ぶのは「闘鶏」の中国呼びなのか。卵用のレグホン、肉用のコーチン、鳴き声を競う愛玩用のチャボ。チャボは沖縄本島ではチャーンという。久米島ではチャムーまたはチャーマーといった。鶏のなかで最も滋養強壮の鶏といわれるのが烏骨鶏《うこっけい》。沖縄では「ウクチー」と呼んだ。毛は細烈して絹糸に似ている。その名の由来は、皮・肉・骨ともに暗紫色なところからきているという。

旧暦十二月の鬼餅行事に、若者たちが各自が飼養している自慢の雄鶏を闘わせた。それを「トゥイ　オーラセー」（鶏合わせ）といった。

鶏小屋

山羊小屋に並べて作られる。かつての農村では、放し飼いが多く、稲の刈り入れ間近になると、小屋の入り口を厳重に閉じていないと早朝から屋敷外へ出てしまう。稲の刈り入れ時期には、ムラの青年団が、田に出て稲穂を食う鶏を捕獲する。むちで叩いて殺すこともある。その鶏を飼い主は罰金代わりに買い取ることになる。

鶏に因むことば

「鶏口牛後」は、「鶏口となるも、牛後になるなかれ」で、牛の項で説明した通りである。
「鶏鳴狗盗」は、中国戦国時代の故事。物まねやこそ泥のようなつまらない技能でも役に立つたとえ、という。

鶏を呼ぶときは、「ユーイ、ユーイ」または「ヨー、ヨー」という。鶏の幼児語は「ヨーヨー」である。

産卵は、鶏小屋の床の上にするが、放し飼いの雌鳥は母屋の床下や薮の中などで産卵するので、特定の場所に巣作りしておく必要がある。巣に数個以上の卵を産んだあと、雌鳥は巣ごもりする。二〇日ほどすると、雛の誕生である。雛を育てる母鶏は、雛を守るのに必死である。人にも跳びかかって、母は強し、を見せつける。孵化しない卵はシムル・クーガ（巣守り卵）という。雷の烈しく鳴る時は、卵の孵化を妨げるといわれ、桑の小枝を巣にそっと入れる。人間は「桑木の下ドーイ」とまじないをする。

飛ぶ鳥に比べて下等でも、人間の役に立った。柳田國男『海南小記』には、大正時代の末ごろまで時計がない家で、時を告げる鶏は貴重な生き物であった。沖縄県誕生の頃、職を失い久米島へ寄留した狂歌師は「乱れ世になりば／鷹も地に降りて／鶏と共に掻きやり／食わたり」と詠んでいる。

鶏を食べる

鶏を処理するのに、まず首の毛をむしり、刃物で血を採る。その後桶かバケツに入れ、熱湯をかけ、羽毛をすべて抜く。それから解体である。

調理と言っても、普段の家庭の食事には、汁物がほとんどである。「トゥイ　シブイ」といって、冬瓜と鶏は相性がよいという。妊婦の栄養源となった。姑は、嫁は憎くても、トゥイ　シブイを食べさせたという。生まれる孫の為である。

六、犬

十二支の戌は、一一番目。古い時代から犬がいたという。沖縄には、琉球犬という、どちらかというと狩猟犬として知られる犬がいて、人間の友として愛玩にもされた。「犬も歩けば棒に当たる」ということわざがあるが、これは本来、「禍に遭うこと」であるが、現在では逆に「やってみると、思わぬ幸せに遭う」と解釈する方が多いという。「狗盗」は、こそどろ。「犬侍」は武士道をわきまえぬ者。「犬死に」は無駄な死。「犬のふぐり」は草の名。どれもあまり良い意味には用いられない。

かつての風葬時代は、犬を飼うことを制限した地方は多い。

七、猫

沖縄では、マヤー（またはマユ）という。中国語の「ミャオ」に関連するともいう。一般的には愛玩用である。

西表島にはイリオモテヤマネコという野生猫がいる。家猫と毛並みは似ているが全くちがう。足が短く、水を嫌がらないし、人に慣れることはない。

家猫は、鼠退治のために広く飼われた。「猫を被る」「猫なで声」「猫じゃらし」などの言葉が浮かぶ。運搬に用いる一輪車を「ネコグルマ」という。

猫の皮

猫皮は、日本三味線の胴張りに使われる。沖縄の三線は、ニシキヘビの一種の皮を使用するので、猫も安心したことだろう。

犬の遠吠えと猫の青啼きは、忌まわしいものとされた。死者が出た時、一般的に死者の遺体を西枕にして、片方に蚊帳を張っておく。そうする理由は、猫が遺体を飛び越えないためという。跳び越えた場合、その結果どうなるかということだが、死者の霊が浮かばれないなどの説明がなされる。

しかし、猫の死体処理と考え合わせると、かつての洗骨習俗と深い関係がある。猫の死骸の処理は、首を紐でくくって近山の木の枝に吊っておく。皮が乾いてミイラ状になる。人の遺体は墓内で数年棺箱の中に寝かせる。墓によっては数年たっても白骨化しない場合がある。猫のミイラ状の死骸を想起するのであろう。その性質のある猫に越えられた遺体がもしもミイラ化した場合に思いを馳せるとたまったものではないのであろう。中国福建でも死骸を木の枝に吊り下げたのを見た人の話がある。

猫が歌に歌われた例は、「与那国のマヤーグヮー」がある。化け猫のイメージからは正反対の軽快な明るい八重山民謡である。

猫に関するその他のこと

猫の幼児呼びは、マーウである。猫を呼ぶときは、本島では「クトゥ、クトゥ」という。久米島では「トゥカ、トゥカ」という。

猫の子をもらうときは、ほんの少額のお金でも払うことだという。そうすれば、野良猫にならず、家に居着いてくれるという。「犬猿の仲」を沖縄では「イントゥ　マヤー」という。「犬と猫」の中の悪さを言う。

第四章

シマの記録と伝承

――歴史余話

一、大島征伐に出兵した久米島の男

琉球王国第二尚氏五代に尚元という王がいた。その尚元一六（一五七二）年、みずから大軍を率いて奄美大島討伐をしている。『球陽』によると、大島では、当地の有名な与湾大親が亡くなり王府に対し謀反が起きた。そのため王自ら五十隻の船で大軍を引率して、賊徒を押さえて勝ち戦となるが、首謀者を捕らえて処罰を加え、別の首領をたてて凱旋した、というものである。

この大島征伐に従軍した二人の久米島人がいた。『球陽』には、「久米島の赤嶺・宇栄比屋、大島を討征して、地、数畝を賞賜さる」と題して、二人の働きを、大意次のように紹介している。

「大島征伐をした際、久米島儀間村の赤嶺、山城村の宇栄比屋が従軍した。奄美大島の笠利の地が当時中心地で、城が険阻の場所にあることから降伏する様子が見られない。そこで琉球軍の大将が二人に命じて、笠利の城を攻めさせたのである。二人は勇気を奮い立たせて攻め破ったので、漸く降参した。王は二人の功労を賞して大原の地数畝を賞与した」

以上が、史書に記録された概要である。儀間村の赤嶺と山城村の宇栄比屋がその後どうなったか。久米島に戻ったのか、あるいは大島の統治に関わり、大島笠利の地で生涯を送ったのか。現在では杳として数百年前の歴史に迫ることができない。

そうしているところへ、奄美市在住の研究者高橋一郎氏の話を思い出し、連絡を取ってみた。高橋氏の配慮で奄美市教育委員会から『辺留グスク発掘報告書』が送られてきた。そこには氏の「辺留グスクをめぐる歴史と民俗」の論文が掲載されており、これまで疑問を持っていたことを、開いてくれた。私の最大の勘違いは「大原」の地を久米島の大原と思い込んでいたことであった。「大原」は笠利にある地名であることが分かった。占領地の土地を賞賜されるのが当然であろうし、それならば現地で統治に関わったということが想像できるのである。

そこで二〇一一年六月のある日、高橋氏にお願いして「大笠利」を案内してもらったのである。笠利は、奄美大島北部の東海岸、喜界島に向き合った地にある。一六〇九年の薩摩侵攻の前まで大島統治の土地で、後に名瀬に中心が移されたが、現在も人口の多い集落である。

高橋氏はまず海岸から案内してくれた。右に「大原城《フーバルグスク》」、中央の平地は「富城《トミグスク》」、左に「辺留城《ベルグスク》」、さらにその左に「高城《ターグスク》」、集落の後方に一段と高くなった台地があり、現在は中学校敷地になっている。その台地が元「赤嶺《ハンニェ》」と呼ばれた集落跡である。戦後、集落を移転させて学校を建設したのである。そして後方の山手に「山城《ヤマグスク》」がある。

集落の横に広がる農地が例の「大原」である。この地は後方を台地に囲まれた水の豊かな土地だそうで、四百数十年前の歴史を彷彿させる。

久米島でも二人の伝承が消えていると同様、笠利の地でも当時の話を聞くことができない。せめて赤嶺の集落に暮らした人々に会えることを期待したのだが、ほとんどが島外へ出ていて、こちらの望みは潰えた。

笠利周辺には、「城《グスク》」のつく地名が八つか九つもあるという。高橋氏は「赤嶺」「山城」の名は、久米島の二人の男にちなむに違いないと考える。少なくとも「赤嶺」はそうだろうという。沖縄と同様に奄美にもかつて「ぐすく時代」があったので、「ぐすく」の呼称はごく一般的な固有名詞とも考えられる。ただ「大原」の地の一部を賜った、二人の男の功労を思うと、高橋説を支持したい心情である。

集落を一巡りした後、台地の上の中学校に行ってみた。校門には横断幕が掲げてあり、「赤嶺の青春」とあり、ガジュマルの木には「シンボルツリー　赤嶺の樹」と書かれている。

実際に現地を訪れて分かったことは、賜った「大原」の地は笠利にあったことである。「赤嶺」は地形・地質によるものか、あるいは久米島儀間の武将赤嶺の名に由来するのか判然としない部分があるものの、武将「赤嶺」の名に因むものであってほしいと期待を残すことにする。

二、琉球の歌人・狂歌師

仲尾次政隆の慶良間・久米島を詠んだ歌

仲尾次《なかおし》政隆《せいりゅう》（一八一〇〜七一）の『配流日記』は、咸豊五（一八五五）年六月一二日から同治四（一八六五）年五月二八日までの約一〇年間の私的日記である。沖縄県教育委員会の報告書から、慶良間の一部と久米島関係の部分を紹介したい。

仲尾次政隆は、那覇の士族であるが、浄土真宗の布教者として知られている。祖先は京都の人で、後に薩摩に移り住む。政隆の五代前の先祖中村宇兵衛は、船を持ち、運送・貿易業のため琉球に往来し、那覇を拠点に活動していた。久米村の高良仁屋の娘思嘉那を妻とし五男をもうけた。のち宇兵衛は三男の政孝（茂兵衛）だけを伴い薩摩に帰った。

後に長男政榮が仲浜家（のちの仲尾次家）の祖となる。政隆は政榮の曾孫である。那覇に残った政榮の三人の弟たちもそれぞれの家を立てている。

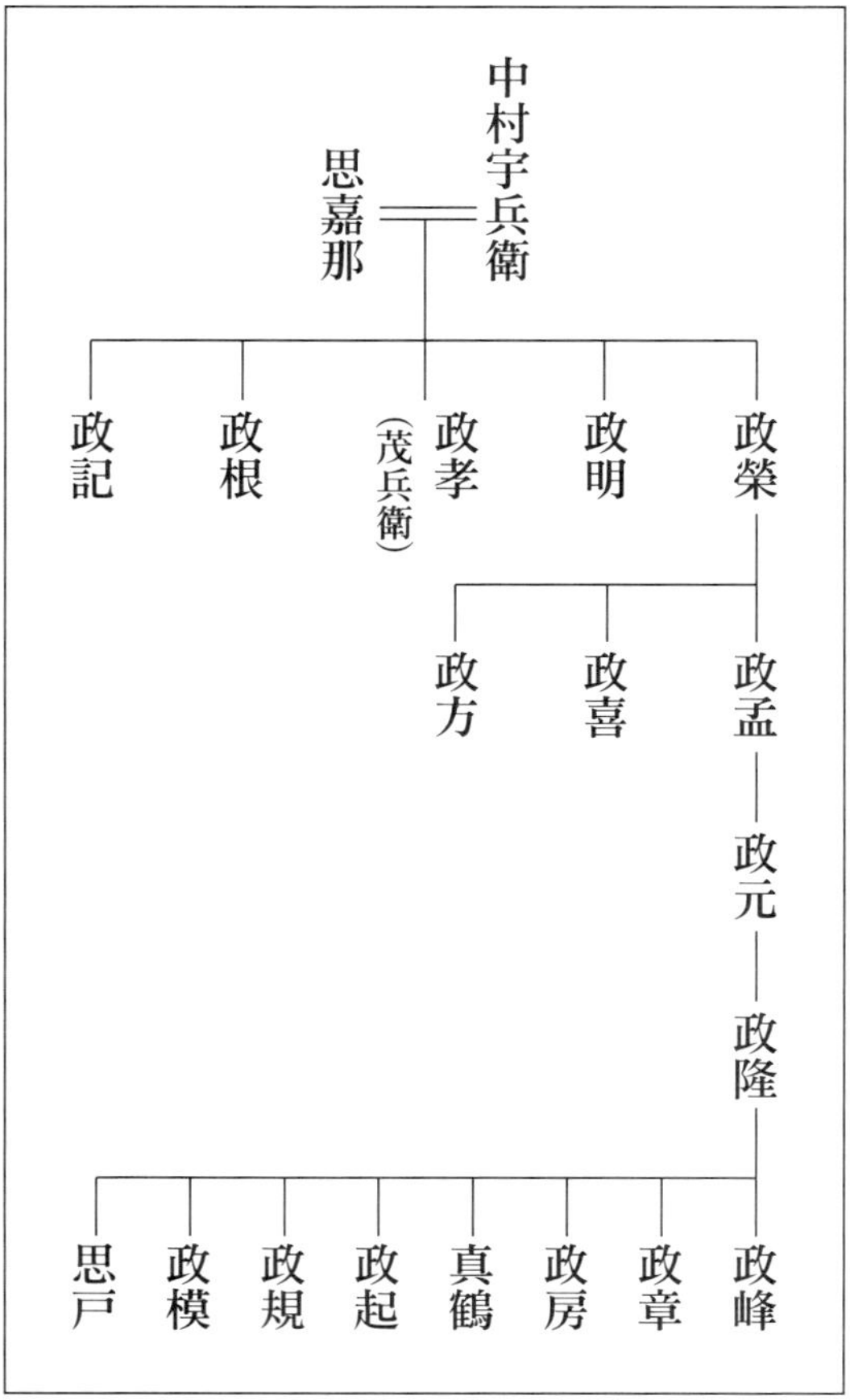

政隆は、一八五三年、禁制の浄土真宗を布教したかどにより、平等所の取り調べを受け、翌年八重山への流刑が決まる（「一向宗法難事件」）。現地八重山では慈善事業に精魂をかたむけ、私財を投じて宮良橋を再建したことにより、六四年赦免された。翌六五年、一一年ぶりに那覇に帰り、元の身分（黄冠）にもどされた。

以上が仲尾次政隆の略歴である。仲尾次の八重山遠流は、一時座間味で滞在した後出発するが、途中久米島に潮懸かりする。それは一八五六年一一月二三日から同月二五日までであった。その間に嘉手苅や花（鼻）崎、白瀬川などを訪れている。

『配流日記』

○一八五六年十一月十九日
九ツ時分古座間味の浦より、八重山島出帆して久場島の前まで行しか風向になり、乗戻して同八ツ過時分阿嘉泊汐懸、同十七日四ツ時分ワれも與人も一同阿嘉の宮へ詣て立願して阿嘉の二文字を上の句頭に出して

（琉歌《りゅうか》）　一、阿きやからや風も　まとも吹つめて
　　　　嘉例吉よ給ふれ　御神おすし

○同十九日
四ツ過時分阿嘉泊より八重山島出帆して行しに、同廿一日八ツ時分風向になり、乗戻し、同廿三日五ツ時分久米島兼城泊へ汐懸、同日八ツ時分與人とも一同陸下り、番所より在番御宿其外所々見物して戻す都にて兼々聞及し、こひのふけん門といふ岩の穴より、ふけて見て口すさむ。

（琉歌）　一、こひし久米島の　こひのふけん門《ジョウ》も
　　　　ふけて見ちつらさ　独りさらめ

○同廿四日
九ツ時分、安村にや安谷屋にや一同陸下りして、嘉手苅村嘉手苅筑登之といふ人の宿へたばこのミ用に参りけるに、戸外へ出向ひ涙こめして礼する男あり。ワれ不審に思ひつくつく見れハ、

昔親見世にて為召遣佐事かま知念なれは、ワれも奈つかしくなりて涙を流し、扨汝は如何様の暮方致せるやと尋れハ、知念涙を押し拂ひ、私は去ル丑年御赦免を蒙り、故郷して木綿花打調方致稽古、当分は花打業をして罷渡居侍るといふてワれらを内に誘ひ茶と芋貝なし物等の馳走ありけれは、ワれうらやましくなりて、知念へ口達。

（琉歌）一、いか身より哀なる　秋の空に
　　あこかれて独り　月や待ら

○同日、嘉手苅村より仲泊村へ越来の比嘉見廻に参んと、白石（＊白瀬）はり川を打渡て。

（琉歌）一、音しきゝをたる　白石はり川も
　　打渡てつらさ　夢のこゝち

○同十一月廿四日、

酉時分、越来の比嘉宿へ参しに、焼酎出しけれは、安村にや安谷屋にや一同夜終色々の噺して比嘉へ口達

（琉歌）一、この哀志ゆすん　時の運ともて
　　猶も忘なよ　御代のこしひ

○同廿五日未明、安村にや安谷屋にや一同、比嘉宿より出すら比嘉へ口達。

（琉歌）一、有明の御代の　影うつすことに
　　朝夕曇らすな　胸の鏡

○同日

四ツ朝時分、順風出来て船のともつなを放せるに、くり舟追来、地頭上江洲頭より山芋の送物ありけれとも、走る船の事にて返礼可致品も謝礼可申迚筆紙墨も自由ならねは、空手に使ひ帰すことの侘敷なりて、

（短歌）一、稀に見し　人の心の　露うけて
　　　　むなてに使ひ帰す侘しさ

（琉歌）一、幾年よへても　忘れよめ昔し
　　　　一目見し人の　けふの情

「解説」

○一八五六年一一月一九日の正午ごろ、座間味の古座間味の港から八重山を目指して出航し、久場島付近まで行くが、逆風のため午後二時ごろ、阿嘉島へ潮懸かりをし、上陸してお宮へお参りした。そこで「阿嘉」の二文字を上句、下句の頭につけて琉歌を詠んだ。

○一九日の午後一〇時過ぎ、八重山向けに出帆したが二一日の午前（?）二時ごろ、戻されてきた。一一月二三日、午前（?）八時ごろ久米島兼城港へ潮懸かりをした。同日の午後二時ごろ、上陸して番所（具志川間切蔵元）と在番詰め所を訪問し、帰りにかねが聞いていた「ふけん門」（花崎にある）の岩穴をくぐってみての琉歌。

「恋し久米島の恋のふけん門を、くぐってみて辛い。ここは男女の逢い引きの場であってみれば、独り身はわびしい」

○一一月二四日の正午ごろ、安村・安谷屋らと上陸し、嘉手苅村の嘉手苅筑登之の家へ、たばこを求めて行ったところ、戸外で涙をためて頭を下げる男がいる。不審に思いながらよく見ると、以前那覇の役所で召使いとして働いていた「かま知念」という男であった。自分も懐かしくなり、涙を流してその暮らし向きを尋ねると、知念は涙を拭きながら「私は去る丑年（一八五三年か）にご赦免になり、帰郷して木綿打ちを稽古し、当面は綿打ち業をしています」と答え、一行を室内に招き入れ、茶やイモ、貝の塩辛などを馳走してくれた。自分もうらやましくなり、知念へ伝える。

「この秋空に、あなたをうらやましく思いながら、どのようにして、ご赦免を待てば良いのだろうか」

○同日、嘉手苅を出発し、仲泊に越来の比嘉を尋ねて行く途中、白瀬走川を渡った時の琉歌（比嘉は流刑人か）。

「音に聞いていた白瀬川を、今渡ってみて、その美しさに胸を打たれ、夢を見ている心地である」

○同日の午後六時ごろ、越来の比嘉の家へ行くと、焼酎が出され、安村、安谷屋らとおそくまで話をする。比嘉への歌。

「この惨めな思いをするのも運命だと思って自覚し、それでも御代の奇びすなわち、神秘的な力、お恵みを忘れるなよ」

○二五日の未明、安村・安谷屋と共に比嘉の宿を出るとき、比嘉に伝える。

「朝のような明るい世のことを、悲嘆によって胸中の鏡を曇らせてはならない」

○同日の午前一〇時ごろ、順風で船を出帆させたところ、一艘のくり舟が来て具志川間切の地頭代上江洲から山芋の贈り物があった。走行している船なので、返礼の品もなく、また紙筆も自由にならず、から手に使いを帰してしまい、心残りがして、

「まれに見る、温かい人の心を受けて、返礼をせず使いを帰してしまった。わびしいことだ」

「一度しか会っていないが、何年たってもその人の情けを忘れることはできない」

こうして仲尾次政隆の久米島の滞在は、二日間で終わり、流刑地の八重山へと旅だって行った。

琉球狂歌師——新城《アラグスク》ソウジュウ

(1)「ヌーミ（蚤《のみ》）フィラ（南京虫《なんきんむし》）ガザン（蚊《か》）、アイ（蟻《あり》）とフェ（蠅《はえ》）と五人　何《ぬう》の縁《いん》のあとて、我肌《わはだ》吸ゆが」

（歌意）蚤・南京虫・蚊・蟻・蠅の五人、私とどういう縁故があって、わが肌を吸う（吸血）のか

(2)「朝夕　我《わん》叩《たた》く　悪魔ゆむチシリ（煙管《きせる》）やがてしぴしぴと　なゆらやしが」

（歌意）朝夕、私の頭を叩く悪魔のような煙管め、早くがたがきて使えなくなればよいのに

冒頭の琉球狂歌二首は、子どもの頃久米島で聞き覚えていたものである。それが一九六〇年代、

具志川村（当時）字仲地の小字武富の古老から、あらためて耳にしたのである。しかし、作者の新城《アラグスク》ソージューがどういう人物か見当もつかない。そこで目についたのが、『仲里村史』第四巻「仲里の民話」（平成七年、仲里村）である。民話採集には、当時沖縄国際大学の遠藤庄治教授とその学生たちが当っている。調査は一九七六年から一九九六年の間に行われている。

さて、その「仲里の民話」の中の「十一　変人と奇人」に、それらしい人物が現れる。しかし、「ソージュー」の名が、どういう漢字を当てるか見当がつかない。

語り部の語った内容を参考に、その人物や作品にふれてみたい。

▽新城《アラグスク》ソージャー（字儀間　宮城幸吉・明治四三年生　談）

この人は山城集落に住んでいたらしい。世間ではソージャーと呼んでいたが、宮城氏は「昌謝《しょうじゃ》」の字を当てている。生計は農家の日雇い仕事とバーキ（ざる）作りで立てていた。バーキの出来映えは見事で、「ソージャーバーキ」と呼ばれて有名であった。

ある日、隣家では新築祝いでにぎわっていた。ソージャーは、大酒飲みで、酒を飲めば下劣な品性の代名詞のようにいわれ、周囲のひんしゅくを買うことが多かったので、祝宴に招かれなかった。隣からは酒やご馳走のかおりが風に乗ってくる。ソージャーはたまらなくなり、紙片に次の歌を書いてもたせた。

「片降《かたぶ》いゆ　すりば　どぅく暑さあむぬ　露《ちゆ》やちょん落とぅち　流ちたぼり」

（歌意）片時雨が降ると、あまりにも暑いから、露でも良いから流してください

ところが、隣の主人は宴会に招くことをせず、お膳に酒一本つけてもたせてやったという。村々を回ってその日稼ぎをし、酒のある所をかぎつけては馳走にあずかっていた。ある夜のこと、漁村の漁師たちの酒盛りしている場に加わり、差しつ差されつしているときに、例の尊大ぶる癖がうずいて、次のような歌を詠んだからたまらない。

「乱り世《ゆ》になりば鷹《たか》も地に降りてぃ　鶏《にわとり》と共に　飲《ぬ》だい食《くわ》たい」

「この野郎、ひとのものを食いながら、我々を鶏にし、自分を空飛ぶ鷹にしていばりやがる」と、もう少しで袋だたきに遭うところを逃げ出したという。

この歌について、島袋盛敏『琉歌大観』（沖縄タイムス社、一九六四年）には「新城しやうじゃ」の作として次の歌が紹介されている。

「乱れ世になれば　鷹も地におりて、雞《にわとり》と共に掻《か》きやり食はたり」

（歌意）乱れ世になり、鷹のようなりっぱな者も地におりて、雞のようないやしい者たちと一緒になって、食をあさってくらすようになった。なげかわしい次第だ

「この歌は、廃藩置県の世替わりで職を失い、都落ちした士族たちの現実であった。島の人たちをけいべつしていたかというと、彼は元来お人好しで、人をけいべつするような人間ではなかった。ただ生まれながら底抜けのほがらかなたちで、大ぴらに法螺を吹く所は一種の愛嬌とも言うべきものであった」（『琉歌大観』六一九頁）と久米島側の評価とは差がある。

▽流刑人ソーゾータンメー（比屋定　神里松雄・大正五年生　談）

ソーゾーという老人が若いとき、久米島に流刑になり、比屋定集落に住んでいたそうだ。ここでも鷹の歌「乱れ世になりば鷹も…」が伝承されている。話者によると、比屋定に住んでいたことになっている。子どもたちに学問を教えていたともいわれている。

▽新城ソージューと酒（真謝　新垣新一・明治四〇年生　談、平成元年聴取）

新城《あらぐしく》ソージューという人で、俗にソージュータンメーと呼ばれ、学者で山城集落に居住していたらしい。自分の母の青年時代のことらしい。竹細工が上手で、彼が作ったざるなどは水も漏らさないほどだったという。弁当入れなど大変りっぱで、最近まで手形がのこっていた。

まとめ

新城ソージューと思われる人物に「ンタースー」（字儀間　川端松吉・明治四二年生　談）、「酒飲み当銘主」（字儀間　川端松吉・同字　宮平政健　談）があるが、歌がないので触れない。

さて、冒頭の歌二首であるが、久米島の旧具志川に伝わり、居住していた仲里側に伝承されないのはどうしたことであろうか。いずれにせよ、冒頭の(1)の歌で五種類の虫、いずれも人間にとっては害虫である。そこを擬人化したところが、この人物の俗世間から超越した奇才である。(2)では、朝夕自分をたたく人でなく、モノとしての煙管に怒りを向けたところがおもしろく、ほっとするところである。それでは朝夕私をたたく人とはだれであろうか。未成年時代ならば父親であろう。しかし成人した後もたたく人は、身分の違いもあることで、移住先の久米島では考えがたい。

また、名前についてであるが、宮城幸吉のいう「昌謝」なのか、定かではない。あるいは「昌樹」の他に「宗樹」ということもあり得るのではないか。いずれも久米島の発音では「ソージュー」または「ソーズー」（こちらの方が多い）という。それを「ソージャー」または「ソーザー」と呼んだのでは卑称となる。首里士族とはいえ酒飲みの寄留人となれば、卑称で呼ばれてもしかたがない、ということだろうか。

三、ソテツの話

ソテツのこと

筆者はこれまでに「ソテツ天国」（『地域と文化』10号、ひるぎ社、一九八二年）、「徳之島におけるソテツ利用について」（沖縄国際大学南島文化研究所『徳之島調査報告書』三、一九八五年）を報告した。後に両論文を「ソテツ天国」・「徳之島とソテツ」の題で単行本『南島の民俗文化』（ひるぎ社、一九八七年）にまとめた。しかし、その後筆者のソテツに関する調査研究は進んではいない。

ここでは、ソテツについての歴史記録や民俗利用について、管見を述べたいと思う。「ソテツ天国」での論述の主旨は、ソテツは民具や玩具の素材になるばかりでなく、食料としての利用価値が高い。それにもかかわらず、世間では「ソテツ地獄」と呼んでいることに対する違和感があった。発端は筆者の研究成果というよりも、むしろ生活体験にもとづくものであった。戦後もソテツ実の食習があり、葉を垣根にし、田の肥料にすることも多かったのである。「ソテツ地獄」というフレーズは、貧困や悲惨な生活状況を訴えるには、大変効果的ではあろうが、近世の琉球でのソテツの利用度の高さを表わしてはいない。社会的な一面からではなく、自然史・民俗学的な視点からのアプローチが必要ではないか、というのが筆者の持論である。

ソテツは、琉球諸島各地に分布する。自生か植栽か、素人には判断できないが、少なくとも近世社会では多くが政策的に植栽されてきた。その目的の大部分は地方農村や島々の救荒食としての役割りであった。それ以外にも支配層の間では、庭木として、あるいは鉢植えの盆栽用、すなわち観賞用として珍重されていた。一般的には、防風防潮用として海岸べりに植え、畑の土砂止め、葉の様々な利用法などがある（上江洲一九八二）。

「ソテツ地獄」という造語は、王国時代以来の庶民生活の歴史的背景を捉えていたのか疑問に思う一面もあった。ところで、その中で慶良間《けらま》の老婆の「あんなソテツというけれど、ソテツによって命をつないだ人がどんなに多かったことか」という言葉を紹介した。また「ソテツ山を持っている家には嫁のなり手も多く、持たない家には二の足を踏んだ」とも言った。毒性の処理を誤れば命の危険さえある植物であるが、その毒性を除去する知識を得ることによって、果実や幹に含まれる豊富な澱粉が得られたのである。安心して食するまでには、長年月を要してさまざまな試みと、多くの犠牲を払ったにちがいない。

庭園のソテツ
（久米島町宇根〔県指定天然記念物〕）

一八世紀の琉球は工芸技術が発達し、陶芸や漆芸がかなりの水準に達した。とりわけ染織文化が花開いた時代であった。しかし、地方においては、米をはじめとする穀類が不足し、甘藷（サツマイモ）さえも不作の年は、第三の食料「ソテツ」が常食となるありさまであった。当時の琉球国の経済の基盤は農業収入であるから、イモとソテツを食べ、穀物を生産した農民によって王国が支えられていた、といっても過言ではない。

「徳之島におけるソテツ利用について」は、徳之島東部の母間《ぼま》・金見《かなみ》・手々《てて》の民俗調査の報告である。調査時の一九八〇年代後半まで残る伝承は、急速に失われていった沖縄に比べ、驚くばかり「ソテツ文化」が残存していた。

ソテツは、琉球諸島各地に分布する。自生のごとく紹介されるソテツ林も歴史を遡れば、その起源は植栽からはじまったと考えられるし、少なくとも王国の社会では多くの島々で植栽の指導がなされている。その目的の大部分は救荒食としての利用であったと認識されている。しかしそれ以外にも支配層の間では、庭木として、あるいは鉢植えの盆栽用として珍重されていた。しかも薩摩や江戸の役人層への手頃な土産物として扱われたのである。

ソテツのターチー（ソテツ粥）をつくる
（久米島）

「蘇鉄かぶ」のこと――久米島の古記録から

「蘇鉄《そてつ》かぶ」の記録は、献上品あるいは土産品のことを物語るのである。

ソテツは一般的には海岸や空き地、畑の畦に植えて防風防潮林に、あるいは土砂止めとして利用された。終戦後まで近世以来のソテツ食をめぐる民俗をのこしながら、各地にソテツ林が保有されていた。しかし、農地の整備が進められるに従い無用物扱いされ、ついにソテツ群落が姿を消すに至っている。一方、奄美の村によっては畑の畦などに植えられ、かつてのソテツ林のある自然風景を残している例を、筆者は徳之島や奄美大島北端の笠利町などで見てきた。

従来のソテツ研究は、植物学や食用を中心に論じられる傾向があった。筆者もその点では同様であり、前述の拙稿はほとんどそのような視点からのアプローチであった。しかし、ソテツには王国のもう一つの顔があった。前述の「蘇鉄かぶ」である。ここでは、ソテツに関する記録から、王国役人に関心の高かった「蘇鉄かぶ」を中心に、久米島の事例を古記録から拾って述べたい。

古記録の中のソテツ

久米島の記録に登場するソテツの最も古いものは、家資料（『美《び》済《さい》姓《せい》家《か》譜《ふ》』）の一六七四（康熙一三）年のものである。

「康熙拾三甲寅年　御用紬綿子并蘇鉄かふ　為宰領上国　首尾能

ソテツ株（盆栽）を囲んで
（大正時代 沖縄県立博物館・美術館提供）

上納帰島」[1]

これは同家の先祖が、久米島紬《くめじまつむぎ》や真綿《まわた》とともに「蘇鉄かぶ（株）」上納の担当となり、首尾よく納付し帰島した記録である。「蘇鉄かぶ」とは盆栽用ソテツのことである。すでに紬や真綿同様に鉢植えの「蘇鉄かぶ」が貢納品の扱いを受けていたことを示している。その説明として次の内容のことが記されている（意訳）。

地頭の北谷王子様が久米島視察に来島し、公務を終えて帰任される時、上納物担当を兼ねて随行を任命された。王子様は、久米島の住民が疲弊し、朝夕蘇鉄を食べているのを痛ましく思われ、当時地頭代《じとうだい》である自分に対し、住民を督励して増産を図るようにとご意見を頂いた。

久米島の住民が「蘇鉄かぶ」を貢納する一方で、ソテツを「食用」していたことがわかる記録である。この家資料から約六〇年後の一七三五（雍正一三）年、『久米《くめ》仲里《なかざと》間切《まきり》公事帳《くじちょう》』（以下単に『公事帳』と呼ぶ）[2]が布達されている。『公事帳』とは、王府から各間切に対して公務を遂行するために出された規程集である。その中に「蘇鉄かぶ」の記事が四例出ている。意訳すると大意次の通りである（傍線は引用者。以下同じ）。

一　綿子・紬・蘇鉄かふ・莚の類は、地頭代・大さばくりが送り状を書き、在番からも御物奉行所あてに添え書きをすること。

一　毎年春秋に夫地頭大さばくり以下文子までの間切役人立会いで人夫を選定し、各ムラに割り振られた蘇鉄かぶを掘り出して蔵元に植えつけておき、それに通じた役人を蘇鉄担当として命じて世話をさせ、王府からの御用があり次第送ること。

一　蘇鉄かふ御用の際、在番はじめ間切役人でよく検査し、（王府の）どの役所からの注文と（判別しやすいように）送り状に書き、在番の署名印を押して、蘇鉄かぶを植え付けた手籠にも在番の署名印で封印し、上納物の宰領人に託して納付すること。（附記）手籠は、蔵元で準備すること。

一　蘇鉄かふを船積みして送る時も、送り状とかぶを確認し、封印や付札などをよく調べて積み渡すこと。その首尾は他の品物と同様である。

この雍正本『公事帳』には、先の北谷王子の気持ちとは裏腹に「食料」としてのソテツについての記述は出てこない。もっぱら盆栽用の「蘇鉄かふ」についてのことで、王府から久米島に対して求めたものは住民生活とはかけ離れたものであったと言わざるを得ない。

この記録でわかることは、「蘇鉄かふ」に王府から派遣された在番はじめ間切のトップの行政担当者が立ち会い、押印をして送り出すさまは御用布《ごようふ》（貢納布）と等しい取り扱いであったと思われる。冷静に考えても、ソテツに食料としての価値観をもつ庶民と、盆栽としてしか価値を見いだせない支配層との間に大きな溝を感じるのである。

雍正本『公事帳』の布達から九六年後の一八三一（道光《どうこう》一一）年に出された道光本『公事帳』[3]でも上納品としての「蘇鉄かふ」を優先とし、雍正本同様に事細かい指示を出している（意訳）。

一　蘇鉄かふは、納税令書が来てから掘り取って準備したのではおそいので、春秋のうちに在番の許可を得て農民のひまを見計らって掘り取らせ、蔵元に集めて在番に報告して植えさせ、取払帳に在番の押印をすること。

一　右の蘇鉄かふを送るときは、在番や地頭代、係の役人で検討し、ざるに植え付け何処の役所の御用と札に書き、在番が封印して送ること。

一　大和の人たちから蘇鉄かふの注文があった場合、同役の人たちへ差のある品をあげては不公平であるから、両間切から木振り枝振りの同等のものを差し上げること。

一　蘇鉄かふは、掘り出してから五、六年もすると、形を取り直したりしないと木振り枝振りがよくない。毎年掘り出してきて一ヵ所に植えておいて、納税令書が来てから見繕いしていては、上納に支障をきたしてよろしくない。今後は上納すべきものは在番が検分のうえ鉢に移植して蔵元において管理し、時々心得のある者に枝振りなどを直させ、上納に差し支えがないようにすること。

以上四件は、「蘇鉄かぶ」を山野から掘り出し、その管理や上納のしかたについて述べたものである。在番や間切の責任者が関わるところは、重要品目である紬や真綿と同様であったことが読み取れる。薩摩の役人から注文があった際に、その同役に不公平にならないようにするなどの気配りようである。なお、「蘇鉄かぶ」は「刀脇差武具の類」、「砂糖」、「鯨糞《げいふん》」など密売買禁止対象の品目のなかにも入っている。

道光本『公事帳』には、その他のソテツの利用として二件紹介している。(1)土地の境の標識として「立石」をするか、もしくは「蘇鉄」を植える。また、(2)畑の端々に植えて土砂の崩落防止をする、という二件である。

さて、この道光本『公事帳』で初めて食料としてのソテツ植栽について規定が出てくる。意訳すると次の通りである。

一　蘇鉄を手広く植栽しておけば、凶年には食料の補いになる一番のものである。毎年一人につき三〇本ずつ植え付けること。

一　毎年植え付ける蘇鉄は、在番や間切の上級役人が巡回して本数を小帳に取りまとめ、在番の印を押し、在番が交代する時に新旧在番が本数を検査し、右の小帳に両人の副申を添えて御物奉行所に提出すること。

一　毎年植え付けている蘇鉄敷地は、年一回は草取りをすること。

原野や海岸、畑の端々に毎年一人頭三〇本ずつ植えさせ、王府役人の在番や上級の地方役人で厳しく管理していたことがわかる。「凶年の節、飯料の補第一成る物にて」とあるが、上納物に押しつぶされそうな貧農は、凶年ならずともソテツを常食したのである。同年『久米具志川間切公事帳』も布達されているが、内容は仲里間切と同様であるのでここでは省略する。

一八三一（道光一一）年には、『久米仲里間切諸村公事帳』も布達されている。ソテツの植栽の意義と一人につき三〇本植え付けさせ、そのうえ管理の手順について『間切公事帳』と同様の内容である。『諸村公事帳』から一例を取り上げると、次のような例がある。この一項によれば、良い「かぶ」

を見付けて掘り取り、蔵元《くらもと》（役所）へ届けると、有償であったことがわかる。

一　誰でも蘇鉄かぶを見付け掘り取ったら早速蔵元へ納め、そうして出夫（労役）に引き当てるか、代金払いにするか本人の希望次第にすること。

次に一八三一（道光一一）年の『久米具志川間切規模帳《くめぐしかわまぎりきもちょう》』（以下『規模帳』とする）の記事を眺めてみたい。『規模帳』とは「王府から布達した規則や範例などを条書体にまとめたもので、実践的・政策的・応急的なもの[4]」のことである。関係する部分を、意訳する。

一　誰でも蘇鉄かぶを見付けて掘り取ったならば、蔵元に納め、出夫に引き当てるかを確認すること。

一　蘇鉄、桑、棕櫚仕立は、念入りにすべきと以前から申し渡しているところであるが、近年は扱いがおろそかになり、はなはだよろしくない。よく手入れして作り立てるよう村々へ厳しく指導すること。

一　蘇鉄かぶは、大事な御用物である。しかしだんだん数が少くなり、近年では丈夫な木がなく、御用にも事欠く状況である。そういうさなか密かに掘り取って那覇に持ち渡り、那覇や泊の港の馬艦船や渡名喜・慶良間の船に行って内々に売り渡している者もいるとのことで、不届きである。今後このようなことがないよう堅く禁ずるものであり、少しも油断なく取り締まること。

附記　近年蘇鉄かぶが、激減している。とりわけ蘇鉄は凶年の食料の補いになる大事なものである。毎年新たに植え付けなければならないのに、私用としてみだりに掘り取り、そのまま捨て置いて枯れさせ、あるいは田の畦を掘り崩したままにして、田作りの妨げになっている。よろしくないことなので厳重に取り締まるよう申し渡す。

『公事帳』において「蘇鉄かぶ」が貴重な上納品として扱われ、事細かく指導され管理されたようすを見てきたが、『規模帳』で見ると、密かに掘り取り、那覇や泊の港で密売する者まで出たようすがうかがえる。まだまだ需要のある「蘇鉄かぶ」であるが、近年衰微していることが読み取れる。それだからこそ手入れの徹底を図るべきだと注文をつけている。「蘇鉄かぶ」は、明治一二年の沖縄の廃藩置県や三六年の土地制度改正後、自然に忘れられて行き、今日に至ったのであろう。

『南島雑話』中の「久米蘇鉄」

『南島雑話』は一八五〇年代の初め、奄美大島へ流刑された名越左源太により書かれた「奄美民俗誌」のようなもので、その資料的価値は高く、改めて紹介するまでもないので省略するが、その写本の一つで挿絵に「久米蘇鉄」とあるのを見る。(5)

その挿絵の説明文が次のように書かれている。

「久米蘇鉄ト云ルモノ一種アリ。先カ、ヘ葉シ、マリテ小ナリ。久米、琉球ノ名ナリ。此村ヨリ産スル故ニ名トス。大島ニモ多ク、地ノ肥タルニ生レバ鱗大ク丈ケノビテ、後ハ常ノ蘇鉄ト同ジク、至テカシゲル地ニウエルニヨロシ」

(意訳)「久米ソテツという種類がある。先端は頭からかぶるように丸くしており、葉は縮んだようになって小さい。久米は琉球の村の名前である。この村で栽培されていることからこの名前がつけられた。大島にも沢山あって、土地の肥えた所に植えてあるとウロコも大きく、背丈が伸びてしまって一般のソテツと同じようになる。やや傾斜した土地に植えるとよい」

当時の琉球に「久米蘇鉄」の名があったかについては、寡聞にして知らない。前掲の「蘇鉄かぶ」が文書には残っており、また一般にも呼ばれていたのではないかと想像する。例えば「まやー(猫)かぶ」というのがある。突然変異型で、猫の形をしているところからこの名があるとのことであるが、「かぶ」仲間では最高の盆栽として珍重された。

さて、文中に「久米、琉球ノ名ナリ」とあるのは、那覇の「久米村」と混同していると思われる。久米は「蘇鉄かぶ」生産地の久米島であることは明白である。ただ、大島にも多く産すると言うのはその通りで、同種でも肥えた土地に植えると大きく一般のソテツになるが、小石原や文中にあるように傾斜地に生えたソテツのなかからそのような「かぶ」が育つのである。各地にソテツはあるものの、石原や石灰岩地帯の痩せ地に植栽した久米島でよく産したのであろう。

『南島雑話』には、ソテツの植栽から調理に至までの手順、とくに毒抜き法について詳細に述べられている。その技術的なことについて語っている「名瀬間切小宿村《なぜまぎりこしゅくむら》の真喜志《まきし》」という人物は何者なのか。名前からすると、どうも沖縄風である。当時の那覇又は泊系の寄留民ではなかっただろうか、と推測する。もしそうだとすると、毒抜きの技術的伝播に繋がりはしないかと思うのである。

久米島の家譜史料

先に久米島の家譜の中の一六七四（康熙一三）年の記事（「蘇鉄かぶ」と「蘇鉄食を不憫に思った地頭（王子）」の話）について紹介したが、同家譜（『美濟姓家譜』）にはその後に続く代々のソテツに関する記事が出てくる。『家譜』には、同家の五代から十代にいたる凡そ一七〇年の記録のなかに、ソテツに関する記事がある。次に続く記事を取り上げてみることにする（意訳）。

一　御用紬、真綿、蘇鉄かぶ宰領として那覇へ上り、無事上納して帰島。（一七〇八年）

一　飢饉に続き西銘村・上江洲村の大火（一一六戸焼失）に逢い、食糧難に付き、罹災者の家族人数に応じて所持の蘇鉄を配給した。（一七一四年）

一　蘇鉄は、毎年御用かぶ採取、または食料不足の際に利用する重要植物であるので、役人同士で相談し、在番の指図を受けて畑の端々の土留めを兼ね、また山野の余地に蘇鉄一七万六二五〇本を植えさせた。（一七六一年）

一　住民が疲弊して食料が続かず、蘇鉄を食しており、諸御用物も調え兼ねている。（一七七一年）

一　当間切（具志川）は、諸上納が続き兼ね、延べ納めをして漸く義務を果たしてきたが、昨年は不作のうえ上納積み船が遭難し、積み荷を海に捨てるという事故のため上納物未進になり、

それ以来ますます困窮し、蘇鉄を食べるほどに陥った。（一七七八年）

一　蘇鉄は大切な植物で、その植栽管理には配慮するようにと指導を受け、毎年一人に付き三〇本内外を植え付けさせている。各村周辺余地に植えているが、湿り気の多い土地または草木に覆われて生育しない。そこで海岸近くの場所は蘇鉄を植栽するのに適した場所と判断し、当役や前役の役人が相談し、在番の指導を受けて、各村分けをして住民総出で、蘇鉄苗六万八〇六八本を植えさせた。（一八四四年）

一　一昨年、暴風や干ばつのため地域住民の食料が続き兼ねたので、私物の米二石五斗、はんす芋一四〇〇斤、蘇鉄五〇〇〇斤無利子で貸与した。（一八四七年）

一　大原の山野は蘇鉄植え付けに適した土地であるのに、原野にしている。幸い高所の役人の来島を機に要請して、村々の山野を地替えや譲渡をして蘇鉄を植え付けさせた。（一八五〇年）

以上の記事に見える「蘇鉄かぶ」「御用かぶ」は、前述のとおり、上納品として扱われ、自由に採取することや販売することは厳しく禁じられていた。それは前述のように久米島紬や真綿同様の重要性を占めていたからである。

ここでも明らかなように、「蘇鉄かぶ」は上納物であり、一般住民の暮らしとは関係の薄い存在であった。ただし疎略に扱うとお咎めを食らう代物であった。そこへいくと、食用のソテツは住民の普段の生活と切っても切れない存在であったといえる。

これについては、仲里間切真謝《ましゃ》村の『司馬姓家譜《しばせいかふ》』（与座《よざ》家蔵）添付の「家内日記」に次の一文がある

（意訳）。

一　去年（乾隆四六年＝一七八一）五月以来、たびたびの台風のため住民は飢饉におよび、宇江城、比屋定二ヵ村の住民所有の蘇鉄を、公用として取り寄せ、本年六月まで一三ヵ月、八ヵ村の住民へ配らせた。（一七八二年）

久米島の役人層が自らの功労を書き残している。溜池や河川工事、架橋などの土木工事に関わったことをはじめとして、貢納布や上納米の宰領になって那覇へ上ること、あるいは飢饉などの非常時に所有する米や甘藷、ソテツ実などを無償配布する、または無利子で貸与する、ソテツその他の樹木を植栽させることも功労の対象であった。ソテツを毎年一人につき三〇本の植栽を義務づけている。三〇本の根拠は詳らかでないが、王府から各地への指示であったことは、先の道光本『公事帳』に見るとおりである。具志川間切大原の山野はソテツの植栽に向いていると最後の項目にあるのは、その通りで、明治一八年那覇からの入植者により開墾されるまでは、ソテツ山が広がっていたようである。

ムラのホーグ（抱護林）
（久米島町宇江城）

西銘という古いムラの話であるが、大抵の家で集落から三～四キロも離れた大原の一角に、自家所有のソテツ林を持っていた。筆者の高校時代（一九五〇年代前期）までは、ソテツの葉を水田の肥料にしていたので、一日二回のペースで運んでいた。運搬手段は馬で、馬の背中に幾束もくくりつけて運んだものである。その頃までは実も採取していた。自ら出かけて収穫することはなく、ソテツ林近くの民家（移住者）に頼んで収穫してもらっていた。古い高木もあったので、その家では梯子を用意していた。収穫後の分け方は、半分けと聞いた。

そのソテツ林も今では砂糖キビ畑に生まれ変わり、ソテツ樹は一本も残っていない。

「内法」の罰則

ソテツについては、食料をはじめとしていろいろな利用法があり、「蘇鉄かぶ」もその一つである。非常食というけれど、貧農層には日常食といっても過言ではなかった。食料であったために島々でさまざまな制限があり、それに伴う罰則があった。久米島の「蘇鉄かぶ」については、明治一二年の沖縄の廃藩置県後は需要もなくなり、急速に忘れられたようで、聞き取りすることは困難である。

ソテツ林は、各地の例によると共有林が一般的である。それゆえ個人行動は許されず、果実の収穫時はいっせいに行われるのが建前であった。「沖縄県旧慣間切内法(6)」には、各地のソテツに関する取り締まり規程が見える。ソテツ苗植付け不行届は役人を処罰する。ソテツ葉刈り取りや実や幹を採取する者、ソテツ畑に牛をつなぐ者なども処罰対象である。中でも粟国島の内法は厳しい。

粟国島の内法では、ソテツ葉を刈り取る者、実を取る者、伐り取って置かれているソテツを盗んだ者、肥料としてソテツ葉を刈り取り畑に入れた者、ソテツの芯を刈り取る者（子どもも）、枯葉を刈り取った者、ソテツ敷から砂を取った者などは罰則の対象にされた。ソテツの実または幹を盗み取った者は、罰金のほか浜に「日晒《ひさら》し」という重い刑罰を設けている。その粟国島も明治三六年の土地改正以後、個人の所有地になった。それ以後のことか、渡名喜島では、粟国島には「ソテツの恩義がある(7)」といっている。食料としてのソテツを粟国島からたびたび分けてもらっていたのである。

むすび

ソテツをめぐる民俗は、単に毒抜き法や調理法ばかりでなく、例えば徳之島にかつてあった嫁入りの際の持参金代わりにした「ソテツ山」の伝承がある。また、地域により幹をよく利用する所と果実を主体とする所がある。それはなぜか。王府の置かれた首里、港町の那覇にはソテツに関する民俗はないので、支配層の間にどれほどの知識があって、それぞれの地方を指導していたのだろうか、疑問に思うことがある。そのような歴史的な背景にも目を向ける必要性を感ずる。例えば一七三四年の「食糧蘇鉄調製の事」（小野一九五八）には次のように離島や地方の人たちから調製法を聞き取りしている。渡名喜島《となきじま》の役人衆、豊見城間切南風原村《とみぐすくまぎりはえばる》の嘉数《かかず》（間切役人）、小禄間切《おろくまぎり》小禄村の高良《たから》、真和志間切識名《まわしまぎりしきな》村の宮平《みやだいら》、渡名喜島《となきじま》の役人衆という人々であった。その聞き取りを整理して「指導書」にしたと考えられる。

ソテツの植栽や調製法については、地方でそれぞれの考えで行ったとは思われない。『公事帳』などの古い文献に見られるように、首里から地方役人を経て一般農民の手へと受け継がれたというのが答えである。

さて、王国時代の政策は、ソテツ食を「痛ましい」と見たのか、あるいは貢納米その他穀類を徴収するからには庶民のソテツ食は「当然」と考えたのか、はたまた「仕方がない」としたのか、捉え方は別れよう。

ソテツを食料として植栽し始めたのはいつか。簡単には答えられないが、史料で見るかぎり一六、七世紀ごろではなかっただろうか、と考えるが、たしかなことはわからない。仮に一六、七世紀から始まったとしても、普及したのは「食糧蘇鉄調製の事」の出された一八世紀前期あたりからではないだろうか。

それはともかく飢饉常襲地帯ともいえる琉球で、ソテツが農民の命を救ったことはたしかである。一方「蘇鉄かぶ」は、久米島の住民には、貢納布・真綿生産同等の大きな負担であった、と言えるのではないだろうか。

ソテツの実（雌株）

注

(1)『美濟姓家譜』（一七五九年成立。久米島上江洲家蔵）
(2) 沖縄久米島調査委員会編『沖縄久米島資料篇』（弘文堂　一九八三）及び『仲里村史』（仲里村役場　一九九四年）による。
(3) 注(2)に同じ。
(4)『沖縄大百科事典』（沖縄タイムス社　一九八三年）による。
(5) 鹿児島県立大島高等学校南島雑話クラブ「挿絵で見る『南島雑話』」㈶奄美文化財団　一九九七年）
(6)「沖縄県旧慣間切内法」（『沖縄県史』一四、（琉球政府　一九六五年）
(7) 上原タラ（明治二一年生。渡名喜島出身。一九八二年聞き取り当時南風原町在住）

参考文献

拙稿「ソテツ天国」（『地域と文化』10号　ひるぎ社　一九八二年）
拙稿「徳之島におけるソテツ利用について」（沖縄国際大学南島文化研究所『徳之島調査報告書』三　一九八五年）
拙著『南島の民俗文化』（ひるぎ社　一九八七年）
小野武夫編『近世地方経済史料』（一九五八年）

四、南島の自然災害

はじめに

『球陽』という、沖縄の古い歴史書をみると、さまざまな自然災害が記録されている。落雷、雹《ひょう》、霰《あられ》、雪、地震、大雨、干ばつ、暴風、竜巻などである。竜巻については、単に「暴風」としており、内容的にそう思われるので「竜巻」としたが、記録にはこの文言は見ない。もちろん「台風」も出ず、当時は「ウフカジ」または「カジフチ」と呼んだのかもしれない。

一例を挙げると、『球陽』巻一六尚穆王四〇（一七九一）年の「四月初六日、久米島に暴風大いに起り、以て人家を敗る」である。

「久米島具志川間切では、朝から大雨・雷が起きた。夜になり雨は小止みになったが暴風が俄に起こり、西銘村の役人仲村渠の住居四間角（一六坪）の貫木屋（礎石に建てた家）を後方に六〇センチも吹き離して破壊した。息子が部屋に入ろうとして風に煽られ、五メートル先の庭に吹き飛ばされたが、幸いにも怪我はなかった。ところが、別棟の二間角（四坪）の台所は、母屋からわずか五、六〇センチしか離れていないが無傷である。民家一〇軒が倒壊し、二人が軽傷、三人は建物の後壁に吹きやられたが無傷であった。また仏壇の杯台を納める箱を二〇〇メートルほどの遠くへ吹き飛ばした。」

以上はその内容であるが、ここでいう「暴風」とは、狭い地域に限られている節が見られることから、恐らく「竜巻」であろうと考える。説明文の最後に「此れ皆非常の事なり」とあり、普段の台風と異なるという観点で取材・報告したと考える。

そこで、「台風」についての記述を探したのであるが、被害についての記事はあるけれど、その状況についてはほとんど見ることが出来ない。近年も新聞記事では「未曾有の台風災害」などとあるが、それについての詳しい記録を他に見ることはないのである。

台風・干ばつは、琉球諸島の宿命的な災害である。これに流行病が加われば、即飢饉となる。飢饉のことを沖縄では「餓死」という。飢饉は死に直結したのである。そのような時代を「餓死世」と表現してきた。台風が恐ろしい災害につながる元凶であることは誰もが百も承知であるのに、なぜ記録し、あるいは口頭で伝承して来なかったのか。ただ数年に一度という少ない頻度ではない。一年に数度も繰り返される多頻度の災害である。毎年繰り返される災害で、麻痺してしまうのではなかっただろうか。

明和の大津波

琉球国で記録的な大災害といえば、一七七一（明和八）年に起きた「明和の大津波」である。地震の規模はマグニチュード七・四。石垣島での波高は八五メートルもあり、波が東岸から島を横断して西海岸へ抜けたという。人的被害は、八重山諸島で九、三九三人、宮古諸島で二、五四八人、合計一万一、九四一人であった（牧野一九六八）。『球陽』には、尚穆王二〇年三月一〇日の記事として記録に見える。

「三月十日、国中より久米・慶良間島に至るまで地震ひ、海水騰涌す。宮古島及び八重山島に在りても亦地震ひ、海浪騰涌し、多く土地・人民を損す。主上、使者を遣はして祭を賜ひ、且功労有る者を褒奨す。」

陰暦三月一〇日の朝八時ごろ、激しい地震があり、宮古島では大波が三度寄せてきた。三丈五尺（約一〇・六メートル）、あるいは二丈五尺（約七・六メートル）、あるいは一二、三丈（約三九メートル）もあり、大石を高さ一五メートルの岸の上まで押しあげた。波に流された家屋が一、〇五四軒、破船大小で七六艘、死馬四〇三頭、死牛二三八頭であった。八重山でも流失家屋二、一二三軒、破船大小三一艘、死馬四三一頭、死牛一九五頭で、両諸島とも農地にも大被害を蒙った。

この時の地震は、沖縄本島や周辺離島まで及んだことが分かるが、特に宮古・八重山の両諸島は、未曾有の大災害であった。その結果、集落全体が潰滅し、他地域から移住を余儀なくされ、その後の集落の形成にも大きな変化を及ぼした。

ナーパイという行事

宮古島砂川《ウルカ》では、現在も伝承されている「津波よけ」の神事がある。旧暦三月初めの酉の日に行われる。ナーパイとは「縄張り」の意で、山手の御嶽から浜にかけてダンチク（植物名）を地面に立てて、津波が集落に寄せて来ないようにと境界をつくり、神歌と踊りを奉納する。起源は明らかでないが、一七七一年の明和の大津波前後ではないかという。

奄美の大水害

二〇一〇年一〇月二〇日に起きた「奄美大水害」は、記憶に新しい。奄美大島の南部の住用に、島内や国外の貴重な資料を収蔵し展示する資料館が、集中豪雨による土砂の直撃を受けて多くの収蔵品を失った。この地区は、山が深く古くから木材の供給地として知られている。しかし時として集中豪雨に遭えば、このような大災害となるのである。

近年の台風災害

試みに過去五年の新聞記事から沖縄・奄美の台風に関する被害状況を拾ってみた（『琉球新報』より）。

(1) 二〇〇九年

●六月二八日＝台風3号に乗って、フィリピン生息のイワサキコノハ（蝶）が一、五〇〇キロ離れた沖縄へ飛来した。●九月五日＝台風12号、大東地域が強風域に。●一〇月七日＝台風18号、大東島大接近。最大瞬間風速五八・九メートル。同八日＝沖縄本島も影響。空の便が混乱し、一、五七三人に影響。台風本州へ。

(2) 二〇一〇年

●八月九日＝台風4号、先島に接近。●八月三一日＝台風7号、沖縄本島地方昼過ぎ暴風域に。●九月五日＝台風12号、大東地方で強風に。●一〇月二七日＝台風14号、大東島暴風域に。二八日＝台風14号、沖縄本島の空港足止め、ぐったり。生活、交通大荒れ。

(3) 二〇一一年

●五月一一日＝台風1号、航空便・船便欠航。●五月二八日〜六月九日＝台風2号、先島昼過ぎ暴風域に。各地で被害。予想以上の強さ。ネット不通一、四〇〇世帯。ゴーヤー被害八割（農水産被害八九億円）。●六月二四日＝台風5号、八重山、今夜暴風域に。●七月一七日＝台風6号、大東・本島強風域に。●八月三日〜六日＝台風9号、大東今夜本島強風域に。〜本島暴風域。〜北部に土砂災害。〜停電四万九、六〇〇戸。●九月九日＝台風14号、大東強風域。●九月二七日＝台風の影響で粟国島のフェリーが一一日ぶりに入港、彼岸用の物資届く。台風15号の影響で、一二日以降欠航していたが、二三日漸く入港した。たくさんの人々が港に駆けつけた。

(4) 二〇一二年

●六月五日＝台風3号、大東、昼前に暴風域。本島地方は強風域続く。台風接近により行事順延、休止も。●六月一八日＝台風4号、午後から小中校休校。農林水産被害四、九〇〇万円（県まとめ）。●六月二〇日＝台風5号、先島今日深夜強風域。航空便一二便欠航。●七月一七日＝台風7号、本島未明までに強風抜ける見込み。先島九〇〇世帯停電。●八月四日＝台風11号、大東島が強風域に。本島は今夜にも。●八月一一日＝台風9号、先島九〇〇世帯停電。●八月二一日＝台風14号、八重山明日にも暴風域。●八月二五日＝台風15号、大東・本島今日暴風域。二六日＝台風15号、停電、読谷・座間味六〇〇戸。気象台「最大級の警戒」呼びかけ。空港ビル閉鎖。二九市町村で四七二人自主避難。停電二、六〇〇戸。二七日＝台風15号、本島・久米島抜ける。負傷者六人。二八日＝台風15号、那覇空港長蛇の列。北部過去にない雨。二九日＝台風15号北部爪痕深く（台風相次ぎ、物流停滞）。●九月一五日＝台風16号、今夜にも本島直撃。風速最大級。一六日＝沖縄気象台「不要な外出控えて」。一七日＝空二四九便欠航、三万人に影響。一九日＝農作物被害、九億円超。漁業関係被害多数。●九月二八日＝台風17号、波照間島接近。二九日＝台風17号、石垣島で五〇・五メートル。那覇で六一・七メートル。三万戸停電。一〇月二日＝台風17号被害、一七億八、八八八万円。●一〇月一四日＝台風21号、大東島接近。一七日＝台風21号、本島・宮古に警報。●一〇月二一日＝台風17号被害。山を茶色に、強風と塩害、島民驚く。

(5) 二〇一三年

●六月一九日＝台風4号、先島まもなく強風域。本島は夕方から。二一日＝本島、強風域抜ける。●七月一一日＝台風7号、大東島強風域に。最大風速四五メートル。一二日＝台風7号先島で四、二〇〇戸停電。●八月二九日＝台風15号、与那国が暴風域に。船便一三便欠航。●九月三日＝台風17号、沖縄本島今夜まで強風域続く見込み。●一〇月四日＝台風23号、本島・宮古あす暴風域に。五日＝台風23号、石垣島暴風警報。停電三〇〇戸。空、三四五便欠航。六日＝台風23号、宮古で三、九〇〇戸停電。23号の被害、一億九、一〇〇万円。●一〇月六日＝台風24号、あす大東・本島接近。七日＝本島・大東・久米島の各学校休校。午後一時よりモノレール休業。本島北部に強風・大雨の被害。那覇はおだやかで、午後六時からモノレール再開。

第五章

硫黄鳥島の民俗調査

Sulphur Island.（硫黄鳥島）
（バジル・ホール『朝鮮・琉球航海記』1818年より）

一、硫黄鳥島――歴史と自然に揺り動かされて

噴火による移住

「無人島の民俗などと冗談を」と言われるかも知れない。正確に申せば、元有人島で噴火により約一〇〇年前と四〇余年前の二度にわたり住民が移住し、現在は無人島になった島とその住民の移住先の様子を合わせて見聞したことを、ここに紹介したい。

島の名は、硫黄鳥島という。位置するところは、鹿児島県奄美諸島徳之島の西方海上に浮かぶ活火山を有する島である。沖縄県久米島具志川村（現久米島町）に属する。一四世紀末から始まる中国との朝貢貿易で、朝貢品の一つである硫黄を産するところから重宝な島と目された。硫黄採掘による収入が主体で、甘藷と少々の野菜を生産し、あとは海産物によって生計をたてた。ところが一九〇三（明治三六）年、突然の噴火を機に久米島具志川村に移住した。移住は翌年と二回にわけて実施完了した。当時の島の人口は六七六人で、島での生活は限界であった。移住は当時の島尻郡長齊藤用之助らの指導説得によるもので、久米島具志川村仲泊の前浜に新しい集落を新設し、以後「鳥島」集落として現在に至っている。しかし、硫黄採掘人夫の一部の人たちが残り、また再度帰島した人々

も加わってムラを構成していたが、一九五九（昭和三四）年の再噴火を機に全島民が那覇などへ移住し、完全に無人島になった。島の周囲は海岸線から数十メートルも屹立した断崖になっており、人を寄せ付けない。島での生活で不自由であった点は、水と薪の不足であった。『琉球国由来記』（一七一三年、以下『由来記』と略称）によると、佐司笠御嶽・エケドン御嶽・若津笠御嶽・赤崎御嶽・ソデタレ御嶽・スズ御嶽・アフリキヨラ御嶽の七御嶽があった。移住の際御嶽の神もすべて久米島に勧請し、鳥島集落の西に「七嶽神社」を創建し、そこに安置した。旧鳥島には二人のノロがいた。

七嶽神社の隣には「テラ」と称する納骨堂があり、硫黄鳥島から移した先祖のお骨を収めた。集落に暮らす人ばかりでなく、県内に住む出身者すべての合葬所となっている。

硫黄採掘の歴史

一三七二年琉球国が、明国に正式に入貢した時以来、貢納品の硫黄を採掘した島で、それは一八七九（明治一二）年の置県まで続いた。古くは単に「鳥島」と称したが、近代になって、研究者らによって「硫黄鳥島」と名称を改められたという。王国時代、年間に硫黄一万五〇〇〇斤の貢納により、他の貢租の負担がなく、また穀類の不作により、毎年王府から麦粟それぞれ一五〇石が支給された。それを「鳥島飯米」と呼んだ（「沖縄旧慣地方制度」『沖縄県史』一九八八）。近代後の食料は、甘藷や雑穀を主とするが、食料が欠乏した時は那覇や一番近い徳之島から買い入れていた。しかしそれでも追いつかない場合は、ソテツの澱粉に頼った。明治三六年の「琉球新報」によると、家屋の構造や衣服は沖縄本島と大差はないが、程度としては、中以下のくらしぶりだという。

奄美の範囲に入るのであれば、当然一六〇九年の薩摩進攻で、与論島から上は薩摩領となり、近代後は鹿児島県に属すべき所、かつての中国との進貢貿易にかんがみ、琉球に残した経緯がある。

硫黄鳥島踏査

今は無人島でも、かつて七〇〇人近くの島民が住んでいた痕跡はあるはずで、久米島の役場では毎年定期的に財産管理の目的で、職員が渡島している。いつか同行できないものかと思っていた折も折、一九九七年の五月、沖縄県教育委員会で自然史を主体とする調査団が結成され、歴史、考古、民俗からも加わることになり、幸いに参加することができた。

那覇港を出港する貨客船に乗り組み、沖永良部島でチャーター船に乗り換え、一路硫黄鳥島を目差すはずが、南風の時化、古人のいう「アラベー（荒南風）」で、徳之島天城町平土野港に碇を下ろし、明け方島を目差した。島は地図で見ると、北西から南東に横たわる赤瓜に似た形をしている。船は上陸地点を見付けるためか、島を一周した。島の北の頭の地点を通過すると、硫黄の臭いが船室まで入ってきた。なるほど硫黄の島だと納得した。船は荒波を避けて西の船着き場近くに停泊した。人や物資はボートで渡し、海岸の洞穴がキャンプになった。

島の周囲は、高い断崖に囲まれ、容易に上陸することができない。島の東側と西側にそれぞれ一ヵ所登り道があったが、西の方の登り道は大波に流され、一〇メートルほどの断崖のみが屹立して

硫黄鳥島の移住記念碑
（硫黄鳥島）

硫黄鳥島の学校跡
（右奥に移住記念碑が見える）

サントウの水溜め場から南岳を望む
（いずれも1997年撮影）

石灰岩の切り石を積んだ屋敷囲い
(久米島町鳥島)

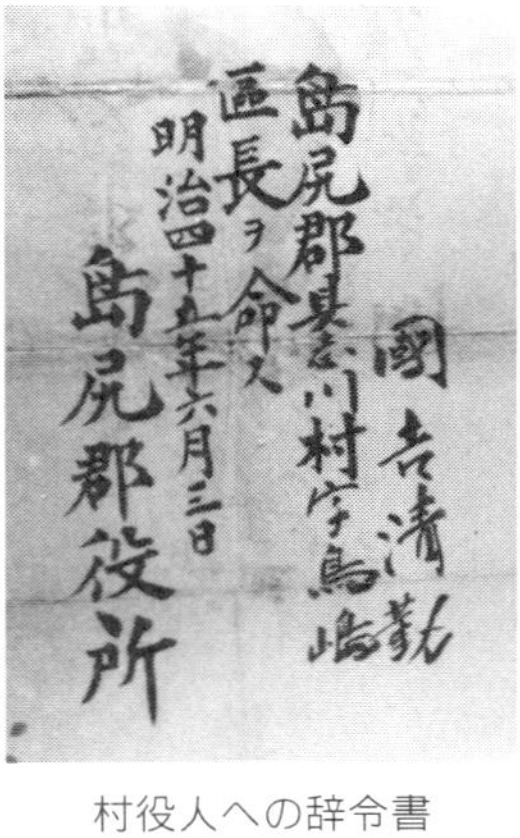

國吉清勤
島尻郡具志川村字鳥島
區長ヲ命ス
明治四十五年六月三日
島尻郡役所

村役人への辞令書
(鳥島・国吉清元氏蔵)

硫黄鳥島の七つの御嶽の神を移し祀った七岳神社
(久米島町鳥島)

いる。設備係が長い梯子を準備しており、よじ登ってやっとのことで上陸する。そこからは緩やかな坂道があり、落石に注意しながら登って行く。坂道を登り切ると、平地である。野生化した山羊以外に定住する動物はいない。丈高いすすき山に山羊の作ったけもの道を行くと集落跡にたどり着く。安山岩の屋敷囲いの石垣の上に上ると集落跡や耕作地跡の前原が前方に広がっている。

学校跡に建つ移住記念碑を見た後、安山岩による碾臼製作所跡、水溜め場、御嶽跡を巡る。

古地図によると、集落は第二外輪山の中央にある「城《グスク》」の南側に位置する。同地図に「字山原」とあり、「一名城ト云フ」とあるから、正式名称は「山原」であろう。沖縄本島北部の山林地帯を「ヤンバル」というから、それになぞらえたのであろうが、似ても似つかない。しかし、小さな島にもそれなりの小宇宙があったことが分かる。

グスク（城）というが、城郭はない。石ばかりの丘である。その丘を背に、集落は弧を描くように形成している。その丘のふもと、集落の後方は墓地になっている。そこに横穴を掘り込んだ、フインチ（掘り込み墓）であったようである。

古地図では、集落のやや中央に、「島役場」と記した所があり、その東横に集落を東西に二分する感じで、城へ通じる道路がある。地図には、鳥居の図が四ヵ所ある。信仰に関係することは明らかである。集落内の鳥居は、二人のノロ屋敷と思われる。アケシノロとアマミノロである。

島役場の側の道路で東西に二分したとして、東に五三戸、西に四三戸ある。東から番地は起こり、西へと進むが、途中で東に西に飛んでいるところもある。何を意味するのかは不明である。なお数ヵ所に枝番があり、計一〇一戸ある。これが移住前のすべての戸数と見ることができよう。集落の東西の優位性は一概に言えないが、東が屋敷が多少大きく、港や水溜場へも幾分近いようである。また移住に関して「耕地地割り配当委員」「移住事件評議委員」「移住地選定委員」の三委員会があるが、重複も含め東側からの選出が多いようである（齊藤用之助『鳥島移住始末』大正九年）。

水と薪

島の半周を踏査してみて分かったことは、水と薪が乏しいということである。集落跡の東には水溜めのタンクが掘られ、セメントや漆喰で塗り固められて、漏水を防ぐ処置が施されている。その数は二一穴ある。古図にも同数記録されているから、移住する以前、島に多くの島民が生活していた頃、すでに造られていたのだろう。この辺の地名は、「字サントウ」となっている。サントウとは、沖縄ではコーラル（石灰岩を砕いたもの、石粉ともいう）を敷き伸ばし、その上に樹液を流して叩いた道路などのことである。硫黄鳥島のサントウは、コーラルではないが、岩盤に近い不毛の地であるところからそう名付けられたのだろう。傾斜地から雨水を溜めるのに多少の手を加えたと思われる。

さらに北に進むと、かつての工場跡があり、大型の水タンクが四、五ヵ所に造られている。今も雨水がたまっており、渡り鳥の恰好の水飲み場になっている。

民間で用いた水溜め場は、一九五九（昭和三四）年まで用いられており、通常使用後はふたをかけ、厳重に施錠をしていた。また、村の取り決めによって、犬の飼育を禁じていた。サントウ一帯の清潔を保つためであった。

水はタンクばかりでなく、各戸とも大型の水甕を用意していた。多い家で三〇ないし四〇個、少なくて五、六個を所有していた。雨水を屋根や立木から受けて溜めていた。甕の数の多少は、それぞれの家の財力を表していた。しかしながら、移住に際して運搬困難のため、ほとんどを放置しなければならなかった。その数は実に四〇〇個を超えた。これらの甕は、残留出稼ぎ人の天水貯蔵用にその後も使用された（糸数幸祐氏より）。

薪は、ススキの茎や灌木のギーマ、ヒサカキなどを刈り取って干して当てた。移住前の人口の多かった頃は、徳之島から山の木の薪を運ぶこともあった。水と薪の不自由が、この島の生活の厳しさを物語っている。久米島へ移住して喜んだのは女性たちで、水と薪が手軽に得られることであった。

信仰

御嶽が七ヵ所にあったことは、『琉球国由来記』などの記録で明らかである。移住の際これらの御嶽の神までも久米島へ移している。久米島の鳥島集落にある「七嶽神社」がそうである。「鳥島移住報告書」では、次のように記述している。

一　佐司笠御嶽…………俗に「前ノ御嶽」といい、南方の高峰。
二　ヱケドン御嶽………俗に「タメジ御嶽」といい、字タメジ方切にある。
三　若津笠御嶽…………「中の西御嶽」字西の方切。硫黄鉱の西に当る山。

四　赤崎御嶽…………「西ノ御嶽」前の「若津笠御嶽」と同じ場所。
五　ソデタレ御嶽………俗に「ヤンノ上御嶽」字タテ（チ）ガミ岩の傍らにある。
六　スヾ御嶽…………俗に「和田ノ御嶽」字和田山にあり、硫黄精錬所背後の山。
七　アフリキヨラ御嶽…南ノ西ノ御嶽。「若津笠御嶽」と同じ所にある。

以上の御嶽名及び順序は、『琉球国由来記』に拠るところであるが、「鳥島移住報告書」に記す「俗名」と称する御嶽名は、明治三六年当時の島人の発音に拠るものと考えるが、不明な点が二ヵ所ある。「ショータイ御嶽」は『由来記』の「ソデタレ御嶽」に相当し、「アオイツラ御嶽」は、『由来記』の「アフリキヨラ御嶽」に相当するという考えに随い、場所の特定を試みようとしたのであるが、小字名を詳細に記録した地図がないので、難しい。

「佐司笠御嶽」は前岳、「ソデタレ御嶽」は、タチガミ岩の近くにあったと特定できる。タチガミ岩は、「スーテー」とも呼んだらしく、山崎直方の報告書「沖縄県鳥島噴火調査報告書」（明治三六年八月）にも出ている。「スーテー」と「ショータイ」は「ソデタレ」御嶽の転訛語と考えられる。これは「袖垂れ」の意で、「袖きよら」と同じく神名である。

「スヾ御嶽」は、「硫黄精錬所の背後」とあるから、第一外輪山の北東端にある「スジ」であろう。スジは、「チジ」すなわち「頂」のことではなかろうか。「ヱケドン御嶽」が「イケドン」と呼ばれたとすれば、その場所は、火口付近の酸水湖付近ではなかろうか。「俗にタメジ御嶽」とあるのは、明治時代の「タメウケバ」を指すのではなかろうか。そうだとすれば、現在も置かれている拝所がそうだろうか。

「若津笠御嶽」と「アフリキヨラ御嶽」は、ほぼ同所にあると述べており、「字西ノ方切、硫黄鉱ノ西ニ当タル山」とあり、外輪山の北西部に当たるのではないかと思われる。

踏査によって、第一外輪山の北西域に二ヵ所御嶽跡を確認した。それは、「若津笠御嶽」と「アフリキヨラ御嶽」であろうと推定した。「アフリ」とは古琉球の時代の「涼傘《りゃんさん》」のことである。良い年の前兆として現れる神を君真物《きみまもの》といい、君真物神の出現の前触れとして傘が立つという古い伝承にちなむ御嶽名である。今帰仁に「アフリハナ御嶽」、国頭辺戸の安須森に「アフリ嶽」の名が見える。

この二つの御嶽は、石積みが確認でき、それと判断できる。表面に陶磁器片が散乱していた。磁器は中国製の碗であり、陶器は無釉の荒焼き碗である。読谷の喜名焼きではないかと思われる。

『由来記』には次のように記述している。

「七御嶽と両ノロ火の神の九か所に『今焼マカリ』を、各三個奉納」することになっている。

その他、両ノロの火の神には、「針二十本」と「扇子四本」奉納と記録している。

「今焼マカリ」とは、現在の焼き物による碗のことで、一六八二年に知花・首里宝口・湧田が、牧志（現壺屋）に統合された。当然喜名焼きもこの中に統合されたはずである。『由来記』編集（一七一三年）以後も奉納が続けられていたならば、当然壺屋焼きもあるはずである。これに関して、齊藤用之助は『鳥島移住始末』（大正九年）に、新古の陶磁器やその破片が堆積している様子を記述している。

ところで、『由来記』の記述の中の「今焼マカリ」は、他にも同様に「マカリ奉納」の例がある。知念・玉城の両間切の御嶽である。しかし、その数は二個であり、鳥島の七御嶽と二人のノロに対する三個のマカイの奉納は特別である。もっとも知念・玉城の有名な御嶽は、年間四回奉納されているから、こちらには及ばないのであるが。

この小島に、アケシノロとアマミノロの二人のノロを置いたことにも、深い理由があったものと思われる。それぞれがどのように村の祭祀に関わっていたか。集落を二分したのか、あるいは御嶽との関係はどうだったのか、今では、知ることは不可能である。しかし、以上のことから分かることは、島の持つ重要性である。

七嶽の御嶽の神と共に久米島へ移したのが、「弁慶石」と「海ノ神」であった。弁慶石は、横一尺五寸、縦二尺廻ほどの楕円形の石で、昔賊船が鳥島へ襲ってきた時、この石が飛んで行き、賊船を破壊し、島の危機を救ったという。鳥島では、「端ノ浜」の波打ち際に石垣を築き、その上に安置していた。「鳥島移住報告書」によると、移住先の久米島では、西南隅の海岸に屹立する大巌石の峰に安置することにしたという。現在もある「七嶽神社」の西にある、ノッチのかかった大岩がそうであろうか。その岩を「弁慶岩」と呼んでおり、かつてその上に石が安置されており、信仰の対象として拝まれていたという。

「海ノ神」は、航海安全と豊漁祈願をした所で、「久米島では村の中央に当る海岸に石垣を築いてその上に安置させる」と「移住報告書」にあるが、現在そのような拝所は見えない。集落東の小さな森の一角に祠があり、旧暦五月のハーリー（爬龍船競漕）行事などに参拝している。そこは元、久米島のノロなど神女が対岸の小島「君嶽」を遥拝した場所であり、合祀したのであろう。

碾臼《ひきうす》製作

島の中央の「城《グスク》」と呼ばれた一帯は、安山岩が豊富に採掘できる所で、所々に碾臼を製作した跡がある。沖縄の古い碾臼は、ニービと称する地層の中にある、俗に「ニービの骨」（「ニービの芯」とも）と言う砂岩系の石で作っていた。北中城村渡口で製作したことから「渡口臼」と呼ばれた。上臼の上面が平板である。これに対して、安山岩製の「鳥島臼」は、上面がなだらかに弧を描く形で、進んだ技術で製作されている、という違いが読み取れる。

鳥島臼の製作が本格的になったのは、硫黄の採掘がほとんどなくなった置県以降であり、普及するのも当然それ以後である。奄美地方から八重山地方まで、この鳥島臼が広く普及していった。鳥島産の安山岩は気泡が粗く、碾臼に向いている。一方、久米島産の安山岩は緻密で硬く、加工するのに向かないので、久米島産碾臼は存在しない。

碾臼の用途は、一番に豆腐作りである。町方には豆腐屋があるので、碾臼の数も多かったと思われる。しかし、明治の前半頃までは、地方の集落に一、二個しかなかっただろうというのが実態であった。

碾臼の少なさを補ったというより、碾臼に先行したのが、擂鉢であった。呉汁作り、豆腐作りに用いられた。「シルハチ」といい、「デーフヮ」ともいった。碾臼のもう一つの用途は、炒った豆や麦などを挽いて製粉する役目である。そして水に浸しておいた米を水挽きして餅を作る用途である。

木の搗き臼で米を搗いて製粉したあと、水でこねて餅作りしたのから、碾臼による水碾きへと変化するが、これも碾臼が普及したのちのことである。

徳之島天城町平土野港には、戦前戦後を通じて、鳥島臼が積み上げられていたという。平土野には、この鳥島臼を取り扱う商人もいて、ここから各地へと出荷されて行った。また、硫黄鳥島からは、碾臼ばかりでなく、安山岩を四角に割って作った家屋の礎石も出していた。

島役人

硫黄鳥島には、次の役人がいた。与人《ユンチュ》二人、船筑《フナチク》二人、船佐事《フナサジ》二人の役人がいた。「与人」の役人名は、奄美や先島に見られる役人名で、沖縄本島や周辺離島にはない。ところで、役人が二人制になっているのは、どうしたことであろうか。与人は島の最高の役職である。それが二人もいるというのは、どういうことか。琉球の他の間切では数人の夫地頭がおり、その中から一人が地頭代に選ばれる仕組みである。古く鳥島は、那覇の泊村に位置づけられていた（「沖縄旧慣地方制度」『沖縄県史』21 一九六八年）。二人の与人の役割は、交替で二年ずつ首里務めがあったからと齊藤用之助は述べている（『鳥島移住始末』）。

移住前に最後の島役人だった国吉清勤という人物の辞令書を紹介したい。

・明治十九年二月十八日　鳥島々佐事　那覇役所

・明治二十三年四月十九日　鳥島船筑　那覇役所

・明治三十年四月一日　　　　島尻郡鳥島島長　　　　　沖縄県
・明治四十五年六月三日　　島尻郡具志川村鳥島区長　島尻郡役所
・大正四年五月七日　　　　依願により区長を免ず　　島尻郡役所

以上の記録から二、三のことについて指摘しておきたい。一つに、「島佐事」から「船筑」へ、さらに「与人」へと昇任すべきところであるが、明治二九年の郡区編成により、間切「地頭代」が「間切長」に改称され、鳥島でも「与人」から「島長」へ改められた。国吉清勤は、明治三〇年、島で初めて「島長」になった。それ以来屋号を「シマチョウ」と呼ぶようになった。久米島への移住後もこの屋号で呼ばれ、現在に至っている。書記の国吉昌勤は、「スキンヤー（書記屋）」といい、他集落では、単に「スキ（書記）」の屋号で呼ぶことが多い。

任命権者について、明治二九年三月、沖縄県の郡区編成により、那覇役所管轄から島尻郡管轄へ編入されたことが分かる。

「鳥島区長」は、久米島移住によって「島長」がなくなり、それに替わるものであった。これについて齊藤用之助は、「県下の町村の字で議事機関である区会を設け居るのは、今はこの鳥島だけである。字鳥島に区会の設定許可せられ居るのは、字有財産の管理の為である。……字鳥島は、一ケの独立村即ち旧鳥島の時代に一個の独立自治体であったと云ふことも許可の一理由になって居る」と述べている（『鳥島移住始末』・『大岳小学校七〇周年記念誌』一九五三年）。

この区制がいつまで存続したかは明らかではないが、少なくとも大正四年まで続いたことは、先の辞令書によって明らかである。

教育

硫黄鳥島踏査の際、集落跡の中央部に創建していた学校跡にたどり着いた。校舎の石壁だけが残っている。壁は石積みをセメントで固めており、屋根は木造の切り妻に瓦葺きだった様子である。沖縄本島や久米島でも、各学校にこのような一棟二教室が造られた。久米島では一九五二（昭和二七）年の建築なので、ほぼ同時期の校舎と考える。

明治の移住一年前、すなわち一九〇二（明治三五）年、島役場兼学校校舎一棟が建造されたが、結局移住騒ぎにより一九〇四（明治三七）年の最後の移住船で、三七・五坪の校舎は、久米島具志川尋常小学校へ移築された。鳥島児童一一二人の初めての就学となった。

硫黄鳥島の時代、ごく一部の者が那覇や徳之島で就学した事例がある。徳之島天城町の小学校の「卒業記録簿」に二人ほど鳥島の生徒氏名が残されている。

戦後の学校教育

明治三六年と三七年の二度にわたる久米島への移住後も、鳥島には硫黄採掘人が残留し、その後島へ戻る人を加えて、以前の五分の一弱ほどの小さな集落が出来た。その間の学校教育については判然としないが、戦後の学校の様子をあらまし聴取することができた。

徳之島天城町に住む麓篤介氏は、一九五二（昭和二七）年八月から約一年半硫黄鳥島で教員を務めた人で、その頃の話を聴くことができた。当時は奄美も沖縄とともに日本から切り離されて「琉球政府」の時代である。麓氏は那覇まで出掛けて辞令をもらい、それから鳥島に赴任した。生徒数は、三四、五人で、教員は、糸数亀徳校長を含め四人だった。翌一九五三年一二月、奄美群島が日本復帰したので麓氏は、日本国籍となり、島を離れざるを得なくなった。

麓氏の硫黄鳥島在職の頃、生徒の父親の職業は、碾臼製作業が多かった。家屋は、一軒の瓦葺き以外は、すべて茅葺きであった。三二、三戸に人口が一〇〇人前後であった。島には、蛇や鼠はいなかった。家畜は豚、山羊、鶏で、犬猫はいなかった。畑には、サツマイモを主として、大豆・野菜類を作っていた。生活用品は、徳之島や那覇へ出る人に頼んで買ってきてもらっていた。水はタンクを利用したが、前岳に一ヵ所井戸があった。水よりも、薪不足には困った。年中行事では、「虫流し」が年間二回あったが、徳之島とは違う行事だった。

麓氏が島を離れて六年後に島は再び噴火により、一人残らず久米島や那覇などへ移住し、完全に無人島になった。

当時の新聞によると、豚一四頭、山羊五〇四、鶏二〇〇羽、馬一頭が飼育されていた（「沖縄タイムス」一九五九年七月三〇日夕刊）。

「馬一頭」というのは、硫黄運搬に使役したものか。既にトロッコが使用されていて、トロッコ道が残されているのを見ると、トロッコ牽引に使役したものか。

二、久米島 鳥島集落――集落移動の民俗学

屋敷

一九〇三（明治三六）年一二月、初めて久米島の土を踏み、生活を始めたのが、具志川間切大田村仲泊であった。海岸べりのソテツやアダンの防潮林とその内側の馬場等の雑種地を整地して集落が造られた。かつて競馬が行われていたほか、明治二〇年代から三〇年代前半頃までは、小学校の運動場として使用されていた。

旧具志川村庁舎から海を目差して直進する縦道から東は、横に八軒と七軒の間に縦道があるが、西では五軒ごとに縦道が造られており、これまでの久米島には少ない平地の近代的な住宅地であった。この情景は、齊藤が「鳥島移住報告書」に述べるように、「縦横ニ貫通シ、配置整然、棟ヲ連ラネタルノ状ハ県下ノ村落中ニ冠タルベキヲ信ズ」という景観であった。集落全体の広さは、一万〇、四六一坪。うち道路面積六、〇九五坪を引くと、屋敷面積は、約一万五、〇〇〇坪であった。村落内の道路幅員は三間で、屋敷の最も広いので一七一坪、狭い所で八一坪ほどであった。

移住前の敷地整備には、間切中の一五歳以上の男子が三日間、無料で労働奉仕をした。その延べ

人員は、二、〇〇〇人余であった。

この鳥島集落について記録を残している志賀重昂は、明治三八年一一月二一日鳥島集落を訪れ次の文章を残している。

「鳥島噴火後罹災者の移住地に到る。新移住地なるを以て、家屋は一望一式に、豚柵も極めて清潔なり」

（「軍艦松江丸南航日記」『志賀重昂全集』一九九五年復刻）

屋号

鳥島集落は、「糸数」「国吉」「仲宗根」「東江」「仲村渠（仲村）」「上間」「島袋」の七姓で占められる。ほとんどすべて沖縄姓である。姓の他に「屋号」があり、集落内ではこちらが分かり易いこともあり、現在もよく使用されている。子どもたちが、遊びで歌った数え歌風に屋敷名をこめた遊び歌がある。

・ティーチ（一つ）＝ティンゴーヤー　・ターチ（二つ）＝タイチーヤー
・ミーチ（三つ）＝ミメーチヤー　・ユーチ（四つ）＝ユーチンター
・イチチ（五つ）＝イチマンター　・ムーチ（六つ）＝ムムヤマ
・ナナチ（七つ）＝ナカメンター　・ヤーチ（八つ）＝ヤソンター
・ククヌチ（九つ）＝クーカマンター　・トゥー（十）＝トゥミーナビー

ここに挙げた屋号の特徴は、語尾に「ヤー」（屋）や「ター」（達）が付くことである。鳥島の屋号は、硫黄鳥島時代のもの、移住後のものが混在している。職業、地形（場所）、名前、あだ名などによって付けられている。

1　職業または地位による＝シマチョー（島長）・スキンヤー（書記屋）・イシヤー（石屋）・セークー（大工）・ハジャー（鍛冶屋、久米島の他村では「カジサーヤー」）・ウイマペーチ（上間親雲上）

2　番地によるもの＝サンバンチ（三番地）・ジューバンチ（十番地）

3　姓や名によるもの＝ウイマグヮー（上間小）・タルグヮー（樽小）・ウシグヮー（牛小）・フーカナー（小加那）・ゴローアッぺー（五郎兄）

4　屋敷の場所によるもの＝ハンタンニー（村はずれ）・ナカメー（中前）・シーグヮーニー（岩の側）・テヤミー（寺の側）・メーガマー（前方）

5　屋敷の方向＝アガリー（東、東江？）・イリー（西・伊礼？）

6　島外で一時過ごした地名＝イラブヤー（沖永良部屋）・トクノヤー（徳之島屋）・イチマー（糸満）

7　家の種類や大小等によるもの＝ハラヤ（瓦屋）・ヤーガマ（小さい家）・ヤルイ（宿り）

（屋号については、久米島町字鳥島、糸数幸祐氏の資料および教示による）

移住時の荷物

移住に際し、可能な限り、家財道具を運んでいる。味噌・醤油の甕壺類が、明治三六年の第一陣の二八五個に対し、翌年の第二陣は、三五五個である。衣類や先祖遺骨を納めた箱類が、二三五個に対し二陣では二九一個となっている。戸棚が一六対三六、雨戸が三二対六七、畳が二五対四二である。桶類が六四対五三個。材木（古材）が四八二対三、二一二。クリ舟が八対九で、臼が五八個対七三個等である。

一陣は、人が多かった分荷物の積載が少なく二陣はその逆になっている。

甕壺合わせて六四〇個、戸棚が五二個、畳が六七枚、桶類が一一七個など島の生活の概要を捉えることができる。仮に四畳半の部屋に畳が敷かれたとして、一〇〇軒の家のうち約一五軒で使用した計算になる。臼は、石臼かと思うが、各戸一セット以上持っていたと思われる。甕壺類は、平均各戸六個余である。クリ舟が計一七艘である。当時の久米島はおろか近くの島の浜、糸満や久高島以外の浜に、これだけの数のクリ舟があったとは思われない。久米島へ移住して、半農半漁をする人が多かったのも、移住前から行われた生業だったのである。

鳥島の葬墓制

久米島の移住地、新村の「鳥島」では、島尻郡長齊藤用之助らの指導により、集落西側の「七嶽神社」の横に「寺」と称する納骨堂を建設し、鳥島から移した先祖の遺骨を納め、その後も洗骨後の骨を納骨してきている。久米島に火葬場ができる昭和五〇年代初めまでは、清水小学校の西の砂丘に棺箱を埋葬し、墓標を立てた。数年を経て洗骨へと進む。この一次墓を久米島の人々は「鳥島墓」と呼んだ。それは単に鳥島集落の墓地というにとどまらず、砂丘での埋葬という異なる葬法に対する呼び方でもあった。「寺」は当初、石壁に瓦葺きが、後に総鉄筋コンクリート造に改められた。瓦葺きの頃、骨が一杯したので、焼骨し再合葬したことがある。硫黄鳥島時代の墓は、集落後方の土手に横穴を掘った「フインチャー（掘り込み墓）」であった。集落は一つという考え方は、移住後大きく膨らんだようで、島だけでなく沖縄本島在住者の中にも納骨の希望者がいるという。一方で島に住む人の中には、別の場所に一家族用の墓を新築する事例も出てきている。

年忌等の中で、久米島と異なるのは、三年忌までの満二年間を忌み期間として、毎日三度の食事を霊前にお供えし続けることである。現在も継承している家もある。

おわりに

明治三七年二月、齊藤用之助は久米島と元鳥島に花崗岩の石碑を建てた。いずれも同一の文面であるが、その趣旨は異なるという。鳥島の方は「こちらには、いつまでも住んではならない」ということであり、久米島の方は、「移住して来たからは、こちらが子孫を繁盛させるべき永遠の住居地である」という意味がこめられているという（齊藤用之助『鳥島移住始末』）。風雨による摩耗が烈しいことから、二〇〇五年の「移住百周年記念」に久米島の安山岩に同様の文を刻み、傍らに建てている。

鳥島移住に尽力した、島尻郡長齊藤用之助と同じ佐賀県出身で、明治四四年から大正三年まで、久米島の小学校長として勤務した元山万吉の作詩になる「久米島巡り」の歌にこの石碑のことが詠み込まれた一節がある。

♪「鳥島移住の顛末を／語る御影の記念石。表に刻む唐文の／筆の主は齊藤氏」

（一九九七年）

齊藤用之助著『鳥島移住始末』
（大正9年）

第六章　沖縄の文化と人々の関わり

一、『島尻教育部会　廿五年記念誌』に見る明治末の社会

『島尻教育部会　二十五年記念誌』という本が発行されたのが明治四五（一九一二）年三月で、それから百年後の平成二四（二〇一二）年復刻されている。

島尻教育会は、沖縄教育会島尻郡部会として、明治二〇年六月に創設されている。それから二五年を経て記念式典を明治四四年六月に挙行している。部会長は明治三一年以来式典の年の四四年まで齊藤用之助（島尻郡長）であった。

島尻教育部会の当時の会員は三八〇人で、日清戦争後の「学校教育の革新」「社会教育の普及」にいろいろな事業を行ったと齊藤は序文で述べている。具体的には、会員相互の親睦や研修であるが、講習会や県外視察、夜学読本の編纂、活動写真を購入して郡内の社会教育に役立て、児童文具の普及統一、教育品展覧会、郡内の教育功労者・善行者の表彰の活動などを目的に明治二〇年結成されている。

式典は明治四四年六月二二日、東風平高等小学校で行われた。開式後国歌の合唱、教育勅語奉読、表彰、祝詞、演説で終わり、次に郡内教員の在職中死亡者の招魂祭が行われた。式典後「宴会・余興」がある。全員の記念撮影、余興（薩摩琵琶・軍談）、次が宴会である。男女別々で、男子はガジュマ

ルの下で剣舞や空手の演技があり、女子は教室内での立食で、奏楽や福引きなどが行われたという。その記念式の模様や各学校の教育の現状が記されている。その中から久米島関係記事と島尻郡の初期の教育状況を紹介したい。

仲里尋常小学校准訓導　山川蒲戸の表彰

明治四四年六月二二日の式典において、島尻部会長齊藤用之助より表彰された一五人一団体の中に、個人として、仲里尋常小学校准訓導の山川蒲戸がいた。その推薦文を同書から意訳で紹介したい。

仲里村字Aは、久米島の東南隅に僻在し、道路険悪交通不便であるため文明の空気に接することが少なく、住民はおおむね農耕を怠って、あるいは漁猟をし、あるいは山林に入って木材を盗伐し、薪木を伐採してこれを売却し、その金で酒を買い男となく女となく、昼間から飲酒遊興して常に喧嘩口論の絶えることがなく、そのため世人にはほとんど無頼漢の巣窟と思われている。従って田や畑は大へん荒廃し、毎年食料の窮乏を告げており、一旦飢饉に遭遇すると、その惨状は見るに忍びないほどである。国税や村税はあるいは五、六年間分も滞納する者もいて、村民に嫌われているところである。

これより先、明治三九年のこと、山川蒲戸君が同字に配置され、彼はこの状況をたいへん心配してこの悪い習慣を改善することを計画し、字民一同に対して、従来の悪い習慣を改めるよう丁寧に説諭し、着々実行を促したので、数年たたずに長年の悪習を改善した。さらに同字の児童等が雨天の日の学校往復の際は、川や海浜の渡し場で一々背負って渡すなど、ほとんど我が子のように懇切に取り扱ったので、さすがの住民もその親切誠実に感動し、目覚めさせられて、ついには氏の言に従うようになった。今その決議実行したことの概要を挙げると、

一、農業を本位として、田畑の耕鋤を励精せしめたこと。

二、白昼の飲酒歌舞を厳禁したこと。

三、賭博を厳禁したこと。

四、従来正月には、一六日間も休業飲酒したのを三日間短縮したこと。

五、雨天の際、竹垣又は壁を壊して燃料とする風習を改めたこと。

六、屋敷の周囲に竹垣を立てさせ、毎年屋敷勝負を行わせて宅地と道路とを井然と整備させたこと。

七、道路の改修をなしつつあること。

その他、常識の修養と共同心の必要を説いたため、旧来の悪習が改まり良俗となり、米や砂糖などもたいそう生産を増し、食料も豊になり、サツマイモは食料の余分ができて他字他村へ売出す者もいて、さらに以前は滞納がちであった租税も滞納者が少なくなり、良民と化するに至ったのは、もっぱら山川君指導の効果で、氏のごとき者は実に青年指導者の好模範であると認める。

〔解説〕仲里尋常小学校の准訓導の山川蒲戸という青年教師の表彰推薦文である。出身は知らないが、A集落の担当となり、地域の風俗改善や学童の通学の手助けなどに尽力した業績による表彰である。当時のA集落の風俗がさほどに紊乱していたのか、ということについての真偽のほどは分からない。表彰のためにかなり大袈裟な表現をしているとも考えられる。ここでは、集落の生活の一部を拾ってみたい。

A集落の住民は、たいてい農耕に不熱心で、漁撈や山の薪木を伐採して金を作り、賭けごとや男女とも飲酒して喧嘩口論が絶えない。田畑は荒れて毎年食料が不足し、飢饉に遭えば惨状となり、国税や村税は五、六年分も滞納する者もいる。明治三九年、山川准訓導が同集落に配置されて、弊風改善に取り組んだ結果、悪習も改まった。具体的には、農業本位の姿勢に戻し、飲酒や賭博を厳禁したことは当然として、道路の改修をさせることにより、農業生産も上がり、サツマイモは食料の余剰分を集落外へ売り出すほどで、税金の滞納者も少なくなり、良民になった。それは山川准訓導の指導によるものというのである。

ただ、はっきりしない点がある。「正月は元旦から一六日まで休業」していたのは、「十六日祭」まで正月祝いが続いたという意味か。そして「三日間短縮」というのは、「一三日まで休業」ということか。それとも「三日間に短縮」と「に」が欠落したのか、判然としない。また雨天には、薪がないので茅壁の茅を抜き取って燃料にすることが行われていた。「屋敷の周囲竹垣を巡らし…」というのは、竹を網代に編んだアンヌミのことだと思われる。それによって、道路と屋敷の境界が「井然」としたというのは、それ以前屋敷囲いもほとんどなかったと思われる。家屋に対する考え方や集落のあり方は、現在のたたずまいからは想像もつかない。

具志川村大原開墾青年団の表彰

明治四四年六月の島尻教育部会から表彰された一団体は、久米島大原開墾の青年団である。大原・北原の開墾が始まったのは、明治一八年であった。喜舎場朝賢・山内盛熹・知念政憲ら首里や那覇の無禄士族の授産事業として開始した。同志二〇人、常傭夫二〇人、臨時雇いの監獄の囚人四〇人に看守や監督官などが加わり、事業が開始された。

幾多の困難を乗り越えて開墾事業は成功し、特に青年団の活動に対して島尻教育部会から表彰されたのである。その表彰の推薦文が同書に記録されているので、全文を紹介したい。なお、開墾の監督を務めたのが県職員の元大垣藩士・坂井了爾で、開拓民のあつい信頼を受けていたが、急死した。墓碑が、大原の地に立てられている。

団　員　四〇人

夜学会員　二四人（最長年廿四歳　最幼年一六歳）

（尋卒八人）（尋半二人）（高卒五人）（高半八人）農半一人

世話人　具志川村会議員　浦添安行（中学半途退学）

字大原区長　久高政恭（高等科卒業）

夜学は、廃藩置県の頃から設立されていたのを、明治三九年具志川校から教員を配置して、正式に開設した。

同字は、久米島具志川村の西南海岸の広原にあって、他字とは遠くかけ離れた新開不便の地なので、字民は自然の必要上共同一致の精神に富み、将来実に有望の地である。ところが同字は、土地が広いうえ人口が少なく、人夫賃が非常に高くて一日に三〇銭ないし五、六〇銭の高賃のため耕耘は、意のままできない。加えて同地は金利が非常に高くて、月五、六分の高率なので一般農家は、製糖期までには負債が増え、農業の収益はことごとく借金の返済に回され、ほとんど進歩発展の望みがないところで、前記の浦添氏等有志の士が大変この状況を憂い、この救済策を講じ、第一に資金を作り、農業を奨励し、青年団で共同請負作業をさせて、基金蓄積すると同時に人夫の供給に協力しようと、これを字民及び青年団に相談し、一同の賛成を得て、去る明治三九年から毎月各戸（三五戸）から青年一人を一日ずつ出して共同請負作業をさせたところ、その収益が一ケ年に百四円になり、また明治四二年共同栽培地二千四百坪を村有地から青年団が借り入れて、半分はサツマイモを栽培し、半分は甘蔗（サトウキビ）を栽培して、製糖（本年二〇挺あり）させたので、一ケ年の収益が平均八拾余円を得たとのこと。しかも以上の貯金が積もって、本年三月の末までには壱千案拾五円の大金となったので、その内七百円は有力の人々に貸し付け、残り参百余円は目下団員で、牛馬の農具や肥料等を購入する者に、低利で三ケ年賦で貸与して、農業を奨励し、また毎月五円内外の基金利子収入を予備貯金として、団員中不時の罹災者等の救護費に充てている。現に近頃同地に三つ子の出生あるのをみて、その予備貯金を、同人に低利で貸し付けたという。しかして前記の貯金は、向こう十五年間蓄積の目的であり、将来はその利子で勧業奨励とともに貸費生を出して、人物を養成し、大いに同地の発展をはかる計画だという。

以上のように、同青年団は、共同一致の精神に富み、貯金が多額に上って、基礎強固となり、共同作業の開始から、日が浅いといえども、その成績はすこぶる見るべきものがある。

〔解説〕大原青年団は、このような活動により表彰となった。『久米島具志川村史』（具志川村役場一九七六年）や『久米島町の文化財』（久米島町教育委員会二〇〇四年）によると、この表彰式で、二宮尊徳像の贈呈を受けている。この二宮尊徳像を入植の翌年勧請し、農業の神「土地神」（土帝君）と共に報徳神社を建てて祀っている。神社は一九七四年、具志川村（現久米島町）の文化財に指定されている。なお毎年陰暦五月一七日「報徳祭」を行っている。

明治末の教育（島尻郡の学校教育）

『島尻教育部会　廿五年記念誌』には、学制が布かれて以来四三年までの島尻郡の教育史が綴られている。初期の頃の教員は他府県人で占められ、洋服か着袴が普通であった。その後県出身者の教員も増えるが、結髪に前帯で、児童生徒も同様であった。最も力を入れたのが就学児童の確保であった。初期のころは一五、六歳から二四、五歳の若者までおり、免夫銭（手当）を支給し、欠席者には罰金制をもうけてでも就学率を上げる必要があった。それから「共通語」教育に力を注ぐ必要もあった。他府県出身の教員や警察官が多く、しかも古くからの生活習慣を改めさせられることの戸惑いや苦痛が一般住民側にはあった。逆に青雲の志をいだいて渡ってきて二〇年も地方の学校教員になった人たちにもカルチャーショックの中での教育活動であったといえる。

明治二二年、知念村（当時）に赴任した菅野喜久治も苦労した一人であった。普通語の普及と風俗の改正に努めるものの、役場職員も旧慣のままなので、まずは普通語の普及を第一に務め、意思疎通を図ることに専念している。その後兼東小学校（兼城間切・東風平間切）に転勤し、生徒の断髪の実行に着手した。その結果は父兄の反発を受け、出席に多少の影響を受けたものの、やや目的を達成した。ところが、日清戦争となり、中国が日本を攻めると、まず沖縄に来て内地人を殺し、次に断髪をした本県人を殺すであろうと風評が飛び、断髪の実行も頓挫し、すでに断髪をした者も再び髪をのばす有様であった。しかし翌年（明治二八年）日本の勝利により、中国に傾注する思想は薄れて行き、就学児童数も向上した。

明治一九年、大里間切に赴任した樋口芳生は、当時の県庁や大里での様子を次のようにのべている。正月四日の御用始めに県庁に行ったところ、職員が結髪に大帯、あごひげをなでつつ悠然と歩く姿は、中国にでも来たような錯覚をおこした。仲間の一人が気取って八字ひげを蓄えていた。沖縄に来てみると、駕籠かきや荷役の労務者で貧しい着物に裸足の者がひげを生やしている。それを見て蓄えたひげをそり落としてしまった。また、那覇の下宿屋に到着して、ひどい臭気がする。その不潔の様子を先輩に話したところ、「手垢のついた豆腐もおいしいと思うようにならなければ、本物ではない」と諭された。そのようなよい先輩がいたのは、新任の部外者にとっては幸せであった。

大里番所（役場）に到着すると、結髪に白ひげ、前帯の役人が出迎えた。言葉は通じないが、鄭重な挨拶を受けてほっとした。宿は旧下知役詰め所で、旅装を解くと地頭代ら間切の上級役人が来て馳走の歓待を受けた。初めて泡盛を飲み、そのうま味を知った。

月給日には、「寛永通宝」を二〇銭ずつ一束として、これを大きな盆に載せて係が、住宅へ運んでくる。休日を待って、その重量のある貨幣を、学校の給仕に運ばせ、商店で紙幣と両替えさせた。当時の田舎では、紙幣はほとんど流通せず、もっぱら貨幣を使っていたのである。ちなみに樋口教員は、月給一二円に手当六円、合計一八円の支給を受けていたので、その重量たるやただ事ではなかった。

硬貨についても、久米島にも話が残っている。明治中期のこと、ある男が牛を売るため那覇へ船出した。ところが、風向きが変わって馬艦船は、慶良間に寄港し一泊した。翌日出帆したが、那覇へ向かえず船は読谷の港に入港し、しばらくの間順風待ちをすることになった。そこへ牛商人がやってきた。これはよい機会とばかりに、商談がまとまりかけた。ところが、相手の持ってきた金銭を見て驚いた。二つのモッコに入れた貨幣を棒でかついで来たのである。その重量のある貨幣を那覇までかついで運ぶことを思うと、気が遠くなる思いである。牛は道草を食わせてひいて行けば、自力で歩行するので、商談を断り、那覇までの遠い道のりを歩いて、那覇で牛を売った。

二、記録に見る琉球の舟・船

はじめに

琉球の歴史は、「舟・船」によって形作られたといっても過言ではない。琉球国内はもちろんのこと海外の貿易活動ひとつ取ってみても「船」なくしては考えられない。歴史的には、丸木舟や筏舟による人の移動がなされたと考えられており、その時代なりの島々の交易があったであろう。時代が下って大型の構造船による本格的な対外貿易が行われた。

ところで単に「フニ」と言っても、時代や用途により、かなりの違いがある。大きくくくって「人やものをのせて水上の渡航を可能にするもの」であり、運搬具の一種であり、「移動手段用具」でもある。

小型のくり舟は、古くから利用された。初期のマルキンニ（丸木舟）からハギンニ（接ぎ舟）へと発展する。丸木舟は、リュウキュウマツやシイ、タブなどの大木を刳って造った。ハギ舟もマツの木の板材で造ったが、近代に入って九州の飫肥《おび》杉を移入して使用するようになった。糸満で造られたことから、「糸満ハギ」といい、類似する舟と区別する意味で、「本ハギ」とも呼んだ。厚い板を合わせて接合し、内と外から刳りこみ、削って造ることから「アーシブニ」（合わせ舟＝厚い板をあわせた意）ともいう。

琉球国内の大型船といえばマーラン（馬艦船）であり、これは那覇など都市地区で「山原船」ともいった。小型のクリ舟は、古くから広く使用されたもので、初期のマルキンニ（丸木舟）からハギンニ（ハギブネ）へと移行し発達する。これらの小型舟は、一般に「サバニ」と呼んだ。

沖縄の島々は、近代に入ってからも陸路の整備がおくれ、海路を利用することが多かった。農商務省「沖縄県森林視察復命書」（明治三七＝一九〇四）[1]によると、大意次のように述べている。

「海路においては漸く発達し、汽船の出入りやや多くなっているが、陸路はなお不便である」

「汽船の回数が少ないうえ、運賃が高いので、薪炭・木材等の運搬には、琉球型の帆船や小舟を使用している」

と述べている。

沖縄本島では、県道工事が進められるまでは陸路は険しく、太平洋側・東シナ海側ともに海路が開けていた。琉球型の帆船とは馬艦船であり、小舟はサバニである。しかしながら、港湾整備も那覇港など数か所を除けば、整備が後れていた。馬艦船は沖待ちして、伝馬船で荷役作業をしたのである。サバニは、漁船として活躍することになるが、吃水が浅いので珊瑚礁の海にも向いている。

古記録にみる小舟の数量

乾隆二四（一七五九）年の記録[2]で見る租税対象の小舟の艘数は、沖縄本島と周辺離島で八〇九艘である（玉城・佐敷・知念・大里の数については一七二六年の資料）。そのうち、ハギ舟は、国頭の三〇艘だけである。クリ舟七七九艘の四分の一は、与勝半島に集中している。漁撈用も多少はあろうが、大方は運送用と思われる。また、北部地方に四三パーセントと集中しているのは、船材の確保が容易であるのもさることながら、川を渡り、あるいは岬を廻って農耕を営む「農業用小舟」が多かったと想像する。

明治六（一八七三）年の記録[3]によると、クリ舟（丸木舟）五四三艘に対してハギ舟は一〇七艘となっている。一八世紀に比べてハギ舟の数が増加している点が指摘される。それは丸木では一艘しか造れないので、板材でハギ舟を造るように指導した結果であろう。

沖縄の舟（船）の分類

船の起源は丸木舟から始まっている。技術史の上からも、丸木を刳ることが比較的容易であり、縄文時代の人々の舟もほとんど丸木舟であった。板材を作り出すことやその板を接ぎ合わせて船を

マーラン（山原）船
（1970年代の復元　糸満市）

造ることの方が難しく、従って丸木舟（クリブネ）からハギブネへと進むことが技術史からみても順当だといわれている。沖縄における船の歴史も、同様の経過をたどったと考えてよいように思われる。

図は、私なりに作成した沖縄の舟（船）の分類であるが、仮に「琉球の船」という大きなくくりがあったとして、それは「ハギブネ」と「クリブネ」に大別されると考える。

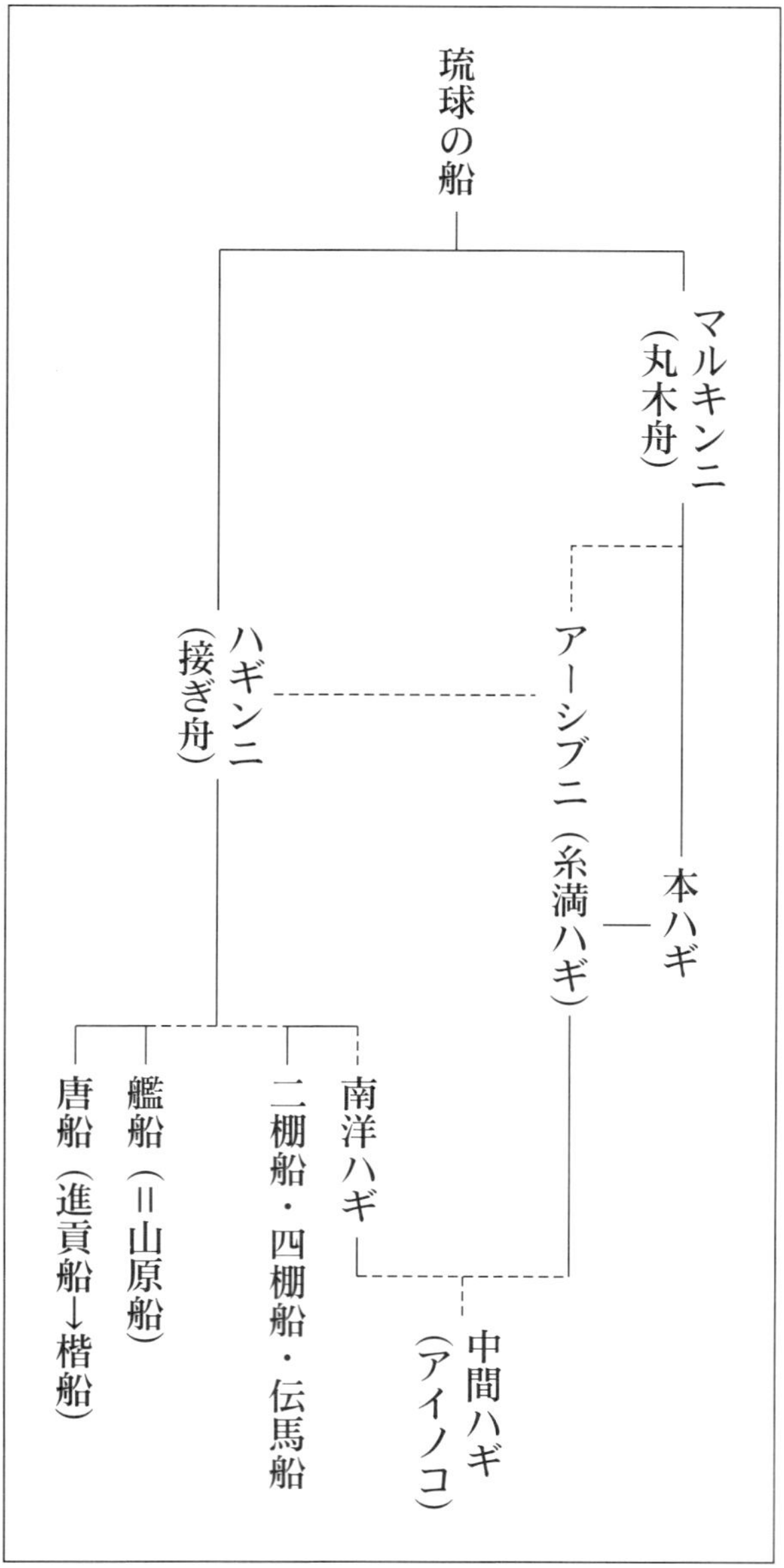

図　沖縄の舟（船）の分類

上の方のハギブネというのは、板を接ぎ合わせて造った接ぎ船で、大きいものでは中国通いの唐船（あるいは進貢船。のちに改造して鹿児島通いの楷船）と呼ばれるものがあり、やや小型のものに馬艦船《マーラン》（山原船）がある。前者は全長三〇メートルから四〇メートルくらいの大きな船である。これらには当然竜骨がある。竜骨のことを沖縄ではカーラーという。そして、記録の中でよく四棚船や二棚船《タタナー》というハギブネが出てくる。タナというのは側面の板をいう。つまり右舷左舷の板である。これが棚板だが、ある一定の幅の板を二つ並べた大きさが二棚船、その上にさらに板を二枚足した大きさの船が四棚船というのだと思われる。ただし四棚船や二棚船（タタナー）の名称が残るものの、船の現物がほとんど失われており、確認することは困難である。

船の大きさを表すもう一つの方法は、帆の大きさによるものである。大型船の進貢船や馬艦船では「〇〇反帆《たんぼ》」といい、反物を横に縫い合わせた際の布幅の大きさでもって、六反帆とか八反帆とかいう表し方をしている。

クリブネは丸木舟のことであり、それから後の糸満舟に変わっていくのだが、これはクリブネとも糸満ハギともいい、本ハギともいっている。また「アーシブニ」（合わせ舟）ともいう。それについては「近代のサバニ」の項で述べたい。さらにこの系統には南洋ハギがあって、形だけは糸満ハギによく似ている。しかし、板の用い方、釘の種類などがまったく違う。そして外見だけは糸満の舟に似て、側面の板はハギ船であるというのを中間ハギという。これは今ではアイノコとも呼んでいる。

近代のサバニ

明治六年の「琉球藩雑記」（『沖縄県史』44一九六五）という記録があり、その史料を見ると、中国へ渡る「渡唐船」が三隻、鹿児島行きの船が三隻、そのほかにも民間から借りている船があるというような記述がある。それから、一三反帆、一〇反帆、九反帆、三反帆などと帆の大きさで示される大小の船があり、それらを合わせて一六一隻、とある。さらに「ハギ小舟」というのが一〇七艘、「クリ舟」すなわち丸木舟が五四三艘とされている。一九世紀に入ってかなりハギ舟が増えているが、それでもハギ舟はクリ舟の五分の一の数字にすぎない。つまり、近代になったからといって（ただし、沖縄の廃藩置県までまだ六年ある）、いきなりハギ舟が増えることはないのである。

それから名称についてだが、近世間切の記録に現われる「クリ舟」と「ハギ舟」は、それぞれが単純に丸木舟と板を接ぎ合わせた舟を意味しており、混乱するものではなかったと思われる。ところが近代以降は「クリブネ」という呼び方の中に両者を含めており、それで混乱を起こしてきた。それは、従来のハギ舟とは異なる「糸満舟」の出現によるものであると考えられる。ハギ舟と区別するために、「マルキンニ（丸木舟）」「クイブニ（クリ舟）」「マーキサバニ（丸木サバニ）」などと呼んで、それまでのハギ舟から区別するようになったのである。

なお、糸満舟を「ハギンニ（接ぎ舟）」と呼ぶのは、一応正しいとして、「アーシブニ（合わせ舟）」とも呼ぶ理由は、厚い板を合わせておいて表と裏から刳り削って造ることからきた名称である。糸満の船を「クイブニ」とも呼ぶのは、「アーシブニ（合わせ舟）」と同様に厚い板を刳ることにある。これはすでに述べたとおり、製作工程から来る名称である。単に「イチマンブニ（糸満舟）」というのにはそのような優れた特徴があることを示している。あるいはまた「本格的なハギブネ」の意で「本ハギ」とも呼ばれることもあって、区別した言い方になってきたと思われる。

ところで「サバニ」という名称の起源については、詳しいことはなお不明である。松本信広の説を引いて下野敏見は、「サブネ（小舟）」つまり小さな舟を表す語がサバニになったと述べている（下野『南西諸島の民俗』１一九八〇）。そして沖縄のサバニという語は、あるいは奄美のスィブネ、それからトカラのスブネ、などの名称と共通の起源をもつのではないかと述べているわけである。

サバニの素材と製作工程

サバニの素材については、沖縄では松が多く使われ、他にシイ、イジュ、タブなどの木もよく使われていた。クリ舟の場合、松などの木をなるべく根の方から掘るようにして斧で倒すことから作業が始まる。次は倒した大木を斧で内外から削って、ちょうな、のみ、かんなを使って作る。多少なりともその幅を広げるために、火であぶりながら×型の楔を入れていく。この造船には、一切鋸を使わないという伝統がある。

なお、沖縄では先ほども述べたように松が多く使われたが、奄美ではシイやタブが多い。それから、種子島のクリ舟はゴヨウマツを使っていた。島根県などではモミの木を使っているというふうに、それぞれの地方によっていろいろな種類の木を使っているようである。

ともあれ、写1に示した船は松から作られたもので、これは考古学者の盛本勲氏に実測図を作ってもらった。終戦直後の今帰仁村で造ったといわれており、沖縄県立博物館に展示されている。なお、同博物館にはもう一つ丸木クリ舟があり、戦前に屋我地で造られ、日本軍の徴用を受けて使われていた。

写2の舟は糸満の本ハギの舟である。宮崎県の飫肥杉を最高の材料として使っている。

本ハギは一種の合わせ舟で、底の部分と胴体の部分に分けられる。底板は五寸の板三枚を横並べにしており、その前後にも二本の厚い材をつけている。全部合わせて五枚でもって底を形作り、それから内と外から削っていく。

五寸の厚さの板を約半分ほどに刳りこんでいって、丸みをつけていく。それから、側面の板は二寸の板を内側から削っていってこれも一寸ほどにする。というように、糸満ハギは合わせ舟であり、板を合わせていって削ったり刳りこんでいったりして作られる。そして先述したように鉄釘を使わず、すべてフンドゥーとい

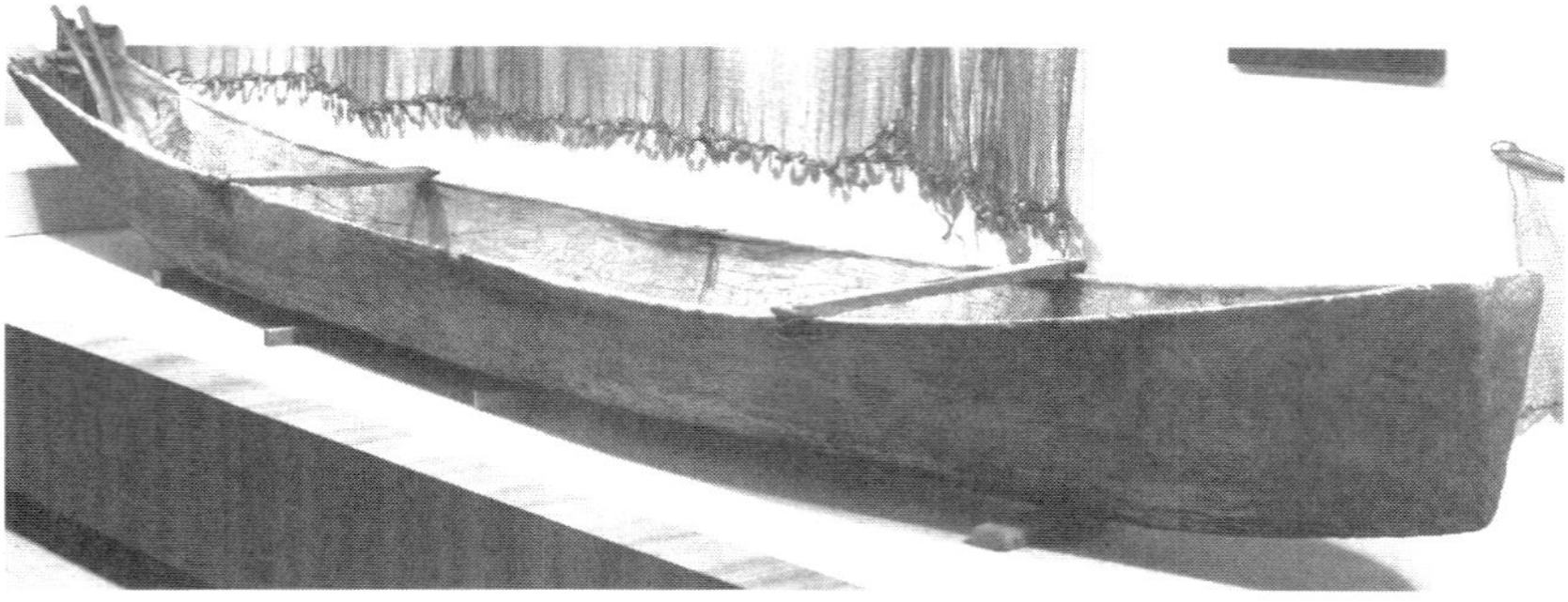

写1　サバニ（クリ舟）
（沖縄県立博物館・提供）

う分銅型の楔と竹釘を使って打ち込んでいくのである。

こうした造船技術は、島根県の中海で使われたソリコとかトモドという舟があり、それによく似ていると思われる。それらの船も元々は丸木を削って刳りこんで作ったそうだが、材料を工夫して、大体三つほどの板を合わせて、それを削って造るということだそうである。糸満の船も大きな厚い板から刳りこんでいく、そういったところにこの船の優秀さ、性能の優れた要因があったのではないかと考えている。

写２　新造のサバニ
（1969年 糸満市）

馬艦船を初めて造る（久米島）

『球陽』巻一三の尚敬王二一年（雍正一一＝一七三三）に、「久米島の上間・安里、始めて馬艦を造りて深く褒嘉を蒙る」という記事がある。内容を意訳すると次の通りである。

「従来久米島は、馬艦船を修造することを知らず、もっぱら沖縄本島の船を頼りとして王府との間往来していた。しかし、馬艦船での交通には及ばない。そこで今年、仲里間切比屋定村の上間・具志川間切山里村の安里両人を那覇へ派遣し、船大工古波蔵について馬艦船造りの技術を習得させた。それ以後島で船造りをするようになり、那覇との往来は、風を拾い、荒海をものともせず平安に出来るようになった。この功績を総地頭が報告し、推薦して『筑登之』の位を与えて表彰した」

久米島の家記録[4]によると、スラ所（造船所）に勤務した記録がある。「スラ所」の語源を、「木の末（梢）とそこに止まる鳥」と説明する向きもあるが、理解しがたい。古く石や大木などの重量物を運ぶのに、一種の木そりを使用した。阿修羅のシュラであろう。

碇石のことなど

近年、沖縄県内や奄美で「碇石」が相次いで発見されている。木枠に嵌めこんで使用するもので、古記録に「木碇」とあるのはそのことを表現しているのであろう。

『近世地方経済史料』[5]に、何らかの法を犯した船舶の記事がある。船とその付属品の記録が興味深いので、次に記載する。

覚

国頭間切奥村へ覚悟

一　二反帆船一艘　　一　松木檣　一本

一本　帆　一ツ　　一弥　帆　一ツ
一楫　　　一刄　　一本帆アタナシ縄二房長九尋
一弥帆棕櫚縄一房長八尋　　一ろ　　一丁
一木　錠　一丁　　一湯　取　一ツ
右御法違に付御取揚御払被二仰付一候間、望の方は代付を以て来月十日限り当座へ可レ被二申出一候、尤も望手無レ之候はば、其段首尾可二申出一候、以上。
申七月十八日山奉行所
恩納　名護　本部　今帰仁　四ヶ間切
下知役　権者　山筆者　地頭代

この文書は明治期のものであるが、国頭間切の奥村で違法により取り上げた船（二反帆船）を公売する旨の告示文である。二反帆船とその付属品である。本檣と弥帆檣があり、それには本帆と弥帆がついている。楫《かじ》に「ろ」もついている。馬艦船にも櫓がついており、それをウチゲー（打ち櫂）と呼んでいる。櫂の端に取手にあたる横木をつけたもので、岸辺を離れる際使用した櫂のことであるが、それに類するものであろう。「木錠」とあるのは「木碇」の誤りで、又木などに石を括りつけた

碇石：右は中国南部産の花崗岩製
左は本部町産と思われる古生層石灰岩製
（久米島博物館提供）

碇であろう。「湯取」は「ユートゥイ」といい、「あか汲み」のことである。帆縄には「シュロ縄」と「アダナシ縄」の二種類記載されているが、使い分けていたのか、たまたま二種類を使っていたのか興味深い。

「碇石」の一例であるが、久米島自然文化センター（博物館）所蔵の碇石の鑑定を依頼したところ、「中国東南部の海岸域（泉州を含む）」という結果であった。(6)

おわりに

造船技術の継承ということで、最後に一言しておきたい。「漁撈習俗用具」として国の有形民俗文化財に指定された物件が各地にあるが、三重県鳥羽の「海の博物館」や「横須賀市立博物館」などには、沖縄のサバニを含めた指定物件がある。それから島根県の美保神社にも、同県の指定物件としてサバニが一艘存在する。これはいわゆる「糸満ハギ」の立派な船体で、戦前に糸満から追い込み漁に行った人が、戦争が近づいてきたのでその舟をそのまま放置して帰り、それを地元の人が神社に奉納したものであった。

なお、戦前の隠岐島では糸満の漁民が追い込み漁の操業をしており、そのことは、民俗学者の桜田勝徳がたまたま調査に行き、そこで糸満漁夫に会って話を聞き、作成した報告がある（『隠岐島における糸満漁夫聞き書き』）。そういう糸満漁民の歴史を背負った舟でもあり、その歴史をとどめる一つの証と思っている。

このように、他府県においてすでに沖縄のサバニが文化財に指定されているのだが、それらと同様に、サバニや丸木舟など県内に残る古い舟を文化財に指定し、保全策を講じることを早急にやるべきだと思っている。それ以上に、今後大切にしていくべきことは、今の沖縄の造船技術をぜひ継承していくために、今後行政でもそうだが、志ある人々が舟を造って、その技術の継承をはかっていく必要があると思う。

注

(1)「沖縄県森林視察復命書」『沖縄県史』二一巻（琉球政府　一九六八年）
(2)小野武夫編『近世地方経済史料』一一〇（吉川弘文堂　一九五八年）
(3)「琉球藩雑記」『沖縄県史』一四巻（沖縄県　一九六五年）
(4)「美濟姓家譜」「公孫姓家譜」他『沖縄久米島』資料篇（沖縄久米島調査委員会編　弘文堂　一九八三年）
「美濟姓家譜」「太史氏家譜」他『久米島西銘誌』（西銘誌編集委員会　二〇〇三年）
(5)注(2)に同じ。
(6)名古屋大学渡辺誠教授（考古学）による。

三、戦後沖縄に博物館をつくった人々――混乱期に生きた人々の活動

はじめに

沖縄県の博物館創設は、一九三六（昭和一一）年、沖縄県教育会の付属施設として、首里城北殿に開設された「沖縄郷土博物館」をもって嚆矢とする。それに向けて、一九二七（昭和二）年、同教育会では「教育参考館設立に関する協議会」を設立しており、九年後に博物館の開館となった。(1)開館三年後に発行された『郷土博物館資料目録』によると一〇分類に、総点数凡そ五〇〇〇点であった。(2)

活動の中心となって博物館創設に奔走したのが、県視学や校長を歴任して退職し、県教育会主事となった島袋源一郎であった。島袋は柳田國男らとの交流を通じて、郷土研究、または郷土の教育に取り組んでいる。その島袋によって集められた資料は、質の高いものが多くを占めていた。しかし、戦時色が濃厚になるにつれて運営に行き詰まり、島袋の死去（一九四二＝昭和一七）年とともに翌年閉鎖された。収蔵資料は、戦争中防空壕や別の場所への避難措置が取られたのではあるが、ほとんどが戦災の中で灰燼に帰した。(3)

戦前の「沖縄郷土博物館」は、前史として扱うが、戦後の博物館の歴史とは直接には繋がってい

ない。それは、資料がほとんど引き継がれなかったこと、設立機関が異なること、人的繋がりがなかったことによると考えられる。

終戦直後の沖縄の博物館の資料収集及び設立には、二つの流れがあった。その一つが米軍人による展示施設であり、他の一つが民間人による文化活動の結果、創設した博物館である。戦後の混乱期にそのような活動を継続することは並大抵のことではなかったと思われるが、戦後だからこそ可能なところや必要とした点があり、復興の中で自らの文化、自らのアイデンティティーについて模索し、活動を展開した人々がいたのである。

その一方で、施設の移転や移管、合併、時の行政府の激しい変化に伴う名称変更（改称）など、戦後の厳しい社会情勢を垣間見る思いである。つまり戦後沖縄の博物館は、社会そのものの混沌や悲惨や生きていくことの希望などを反映した、いわば象徴的存在であったといえるのではなかろうか。そのような観点から、戦後沖縄の博物館の歩みとそれに関わった人々の活動を中心に述べて行きたい。

米軍人によって創設された「沖縄陳列館」（後の「東恩納博物館」）

石川市（現うるま市）東恩納《ひがしおんな》集落の民家に、戦災を免れた文化財や残欠資料を収集して「沖縄陳列館」を開設したのは、一九四五（昭和二〇）年八月のことであった。その指導的立場にいたのが、米国海軍政府の教育担当官ジェームズ・T・ワトキンスとウィラード・A・ハンナ少佐らであった。[4] その意図するところは、「米軍人に沖縄の文化を理解させる」ことにあった。

ハンナ少佐は、「沖縄人の建築様式、家具造作、造庭技術及び被服織物、陶器その他日常生活並びに芸術文化のいずれにも関するすべての事象を展示する目的をもって設立した陳列館である」と述べている。[5]

一九四五年の夏、米軍ではすでに戦火が遠ざかりつつあった首里城下を中心に、文化財の残欠の収集を開始している。収集品は、寺院の梵鐘や金工類、石灯籠などの石造物、書画などであった。ハンナ少佐は元々研究者で、離沖するまでの一年間に沖縄の教育・文化の復興のために大きな功績をのこしたといわれる。軍国主義教育を離れた沖縄教科書編集、「沖縄陳列館」の創設、劇団結成を促すなど、沖縄の歴史・文化に対する深い理解があったからだと評価されている。[6]

ハンナ少佐に乞われて当初から創設に協力し、館長に就任したのが、戦前から収集家として知られていた大嶺薫である。翌四六年四月二四日、「沖縄陳列館」は沖縄民政府に移譲され「東恩納博物館」と改称した（後にこの日を「沖縄県立博物館」の創立記念日とした）。大嶺は、一九五三年五月「首里市立博物館」に吸収合併されるまで、八年近く館長の任にあった。

沖縄陳列館（後、東恩納博物館）
（石川市〔現うるま市〕東恩納）

市民の手による博物館建設の動き――「首里市立郷土博物館」

一方、古都首里にも博物館建設の動きが起こった。首里市民が捕虜収容所から帰ってきたのは、一九四五（昭和二〇）年の暮れから翌年の春にかけてであった。北部の収容所から帰ってきた豊平良顕は、文化運動を提唱し、首里市長に進言して首里市役所の部署に文化部を作らせた。職員わずか四、五人であったが、最初に手掛けた仕事は廃墟の中から文化財の残欠を発掘収集することであった。それらのものを保護する施設として、汀良町の民家の敷地にトタン葺きの展示館を建てて始まったのが「首里市立郷土博物館」である。戦災を受けた首里城跡をはじめ寺社に残る文化財の残欠を収集するのには、市民の協力があったればこそであり、文化活動は一般に浸透していった。当時の首里市民の文化活動には娯楽性ばかりでなく、伝統文化を保護する一方で新たな文化を創造していく気概があった。

しかしながら、荒廃した社会を反映して、心無い者による窃盗行為が頻発していた。円覚寺放生橋（現国重文）勾欄の彫刻の一部が削り取られる事件である。有刺鉄線だけでは文化財保護に限界があることを思い知らされた。保護のた

首里市立郷土博物館 原田貞吉館長（左から２人目）と外間正幸主事（同３人目）

め解体して博物館敷地内に運んだが、その運搬には大勢の高校生が動員された。また、ある日の午後、王家の墓所「玉陵」の石獅子が爆撃で墓の屋根付近から墓庭へ落下しているのを発見した。円覚寺放生橋の前例があることから、芋堀りの共同作業から帰る一団に頼んで、夜までかけて運んだ例もある。(7)

一九四七(昭和二二)年一二月、沖縄民政府文化部内に博物館課が置かれることになり、首里市文化部は廃せられ、首里・東恩納両博物館は、その管掌下に置かれた。首里市立郷土博物館は「沖縄民政府立首里博物館」となった。

沖縄民政府に引き継がれた「首里博物館」

首里の博物館は、「郷土博物館」から「首里博物館」へ名称が変わったばかりでなく、管理部署が市から民政府(現在の県)へ移ったのである。しかし設置場所の敷地や建物、収蔵品には変化はなかった。館長の豊平が引き続き任命されている。豊平は文章のなかで次のように述べている。

「かつては軽視され、軽蔑された沖縄の文化遺産である。(略)沖縄における博物館の歴史は決して古くはない。廃藩置県以後から戦前までは、沖縄文化の逆境時代であった。言語、風俗、習慣の本土系列化を強いられ、ついには、自ら卑下して、野蛮なものと錯覚し、ひたすら本土志向と皇民化の一途を辿りつつあった」

と述べ、一九三六(昭和一一)年、首里城北殿に「郷土博物館」を創設した島袋源一郎を高く評価している。結びに次のように述べている。

「沖縄文化の個性を主張し、それを象徴するのが博物館であろう。村々によみがえった民俗文化と、その歴史的所産としての博物館の文化財に触発されて、これからの沖縄の歴史美化を望みたいものである」(8)

その豊平は新聞社創立のため辞任し、後任に原田貞吉が就任した。原田は館長在職中、博物館資料の発掘・収集につとめ、文化財保護委員長を兼任して文化財保護にも尽くした。

「首里博物館」――当蔵町の竜譚池畔へ移転

原田館長は、一九四九（昭和二四）年に龍潭池畔の沖縄師範学校体育館敷地跡への移転要請をし、二年後に許可になる。五二年二月には工事契約を結ぶが、レンガや瓦不足で工事が進まず、完成したのは五三（昭和二八）年五月二六日の「ペルリ来琉一〇〇年祭」当日であった。当日は、新館落成式と米軍政府が同敷地内に新築寄贈した「ペルリ記念館」の贈呈式が行われた。

この落成と同時に「東恩納博物館」を吸収合併し、数百点の資料が首里博物館へ移された。また、「ペリー来琉一〇〇年記念日」の五月二六日の式典は、戦後の沖縄の文化財・博物館関係者に

沖縄民政府立首里博物館
（後に琉球政府立博物館と改称）

とっては忘れることのできない、記念すべき日でもあった。それは、戦時中に行方不明になっていた「おもろさうし」(二二冊)、「中山世鑑」(六冊)、「蔡鐸本中山世譜」(七冊)、「蔡温本中山世譜」(一二冊)「聞得大君御殿雲龍黄金簪」など、沖縄の代表的な文化財五三点が、米国から返還されたことであった。(9)

米国での琉球文化財の収集にも物語がある。米国での当時の所蔵者は、退役海軍大佐であった。その情報をとらえたのは、吉里弘という沖縄出身の米国移民であった。彼は遠い古里沖縄の歴史文化に関心があり、多少は『おもろさうし』についても知識があった。その吉里を支援して返還運動を勧め、米国政府を動かしたのは、沖縄に駐留経験のあるウイリアム・T・デイビス軍曹であった。式典には、デイビス軍曹が米国政府を代表する形で出席している。

「琉球政府立博物館」に改称――そして移転

一九五二年四月一日、沖縄住民の中央政府である「琉球政府」が発足した。(10)博物館は、どうしたことか二年後れの一九五五年に「琉球政府立博物館」に改称している。この年原田館長が急逝したので、画家の山里永吉が後任として発令されている。原田の代から本土における資料収集活動が始められていた。山里は戦中戦後の二年京都に疎開をしていた関係で収集家の知己が多く、それらの人々が戦前沖縄から求めて帰った染織品を中心に買い戻している。鎌倉芳太郎が大正末に収集し東京の「啓明会」に収めた紅型型紙五五〇点を譲り受けている。型紙の入手は、

その後の沖縄の紅型復興に大きく寄与することとなった。(11)

山里は五八（昭和三三）年、琉球政府文化財保護委員長（専任）に就任し、後任に金城増太郎が就任、六二（昭和三七）年には大城知善が教育畑から任命された。両館長時代は、狭隘になった当蔵町の博物館の移転計画を立て、運動することに精力が注がれている。

一九六五（昭和四〇）年、首里大中町の尚家跡の敷地一万一、〇〇〇平方メートル（三、四〇〇坪）を琉球政府が購入し、新館建設の段取りとなった。先行して設計がすすめられており、間もなく着工された。設計はコンペの結果、一位の地元の設計士と米国政府派遣の設計士の共同制作に決まった。コンペ一位の者の当選作品はローカル色が強いと評され、洋風の近代建築で、一部地下一階、一部二階の建築となった。総工費三五万六、〇〇〇ドルのうち八九パーセントに当たる三一万七、〇〇〇ドルが米国民政府負担であった。

時の弁務官は、「キャラウェー旋風」で有名なポール・W・キャラウェーで、沖縄に君臨して恐れられたが、文化面では記念すべき置き土産となった。なお、米国民政府援助は、各地の公民館造りに資金援助した「弁務官資金」であり、博物館にもそれが適用された。資金の受け入れ先は、首里当蔵町自治会長への交付となっていたため、復帰時に幸いしたとされる。(12)

新築移転した琉球政府立博物館
（首里大中町）

本土復帰により「沖縄県立博物館」に

首里大中町の尚家跡に新築落成したのは一九六六（昭和四一）年一〇月で、落成式には軍民関係者多数参列して盛大に催された。展示スペースは、常設展示室と特別展示室の二室だけで、他に当時としては二階にも客席を持つりっぱなホール（講堂）があった。特別展示室は、博物館の企画展ばかりでなく、美術関係の貸ギャラリーとしても利用された。ホールは、当時学校にまだ体育館施設のない頃で、近くの学校の学習発表会、芸能関係者の発表会場としても頻繁に利用された。

展示内容は、従来の歴史・美術工芸を中心とする展示を踏襲した。しかし、将来に向けて、考古学・民俗学系の学芸員を増置し、従来の一人の学芸員（当時の職名は、「博物館主事」と呼んだ）を四人にしている。また当時の中央教育委員会規則により、初めて入館料を徴収するようになった。

大城館長の退職の後を受けて新しく館長に就任した外間正幸は、汀良町の首里市立郷土博物館時代から長年博物館主事を務め、資料収集や展示活動などをつとめた。就任以

本土復帰後に２階を増築した沖縄県立博物館
（首里大中町）

来、資料が増え展示スペースが少ないことから、二階増築の要請を続けた。その結果、復帰の記念事業として、「昭和四七年度社会教育施設整備費補助」で、二階増築工事が認可された。二階増築工事費の約一億円のうち、二五パーセントが国庫補助であった。本土復帰で初めて受けた国庫補助による増築の喜びも束の間、ドル安や第一次オイル・ショックのため、建築資材不足や高騰により、三回の入札も落札せず、そのうちの一社に頼んで随意契約した。

内容が一応整った一九八〇年代、熊本県との行政交流のなかで、資料の「交流展」をすることが決まり、熊本県立美術館と沖縄県立博物館と両館で展示することになった。初年度は沖縄で「熊本の歴史と文化」を催した。大城徳次郎館長の下、反響を呼んだ展示となった。次の年は「沖縄の自然・歴史・文化」展を熊本の美術館で催し、この年から館長に就任した、芥川賞作家の大城立裕館長が、熊本で「沖縄の歴史と文化」の講演をした。

返還された文化財

数奇の運命をたどった三線「江戸与那《えどよな》」

沖縄の歴史を象徴するような話がある。一挺の「三線」の物語であるが、この話は単に一楽器としての三線にとどまらず、沖縄のアイデンティティーまで繋がる象徴的な話でもあると思われる。

ここに登場する三線「江戸与那《えどよな》」は、三線工匠与那城《よなぐすく》の作といわれ、名器の一つとして現在は県指定文化財になっている。「江戸」の名の謂われは、古い時代江戸上りに随行の楽団一行が携行したことによるという。糸蔵が長いのは、長い旅の道中での演奏のため、弦糸を長く巻けるような構造にしたためだという。

さて、この「江戸与那」三線、箱書によると、将軍の前で演奏したと伝えられ、帰国の際島津家に献上し、玉里御殿に保管されていた。ところが、どのような事情によるものか昭和の時代、東京の古書店で売りに出されていたのを歴史学者の東恩納寛惇が発見して入手し、一九三九（昭和一四）年に首里城北殿の「郷土博物館」で催された〝三線展示会〟に出品され、その後収蔵された。[13] しかし、四五年の沖縄戦では郷土博物館の収蔵品も当然すべて焼失したものと思われた。ところが、三線「江戸与那」は戦禍を免れてハワイで無傷で大切に保管されていたのである。

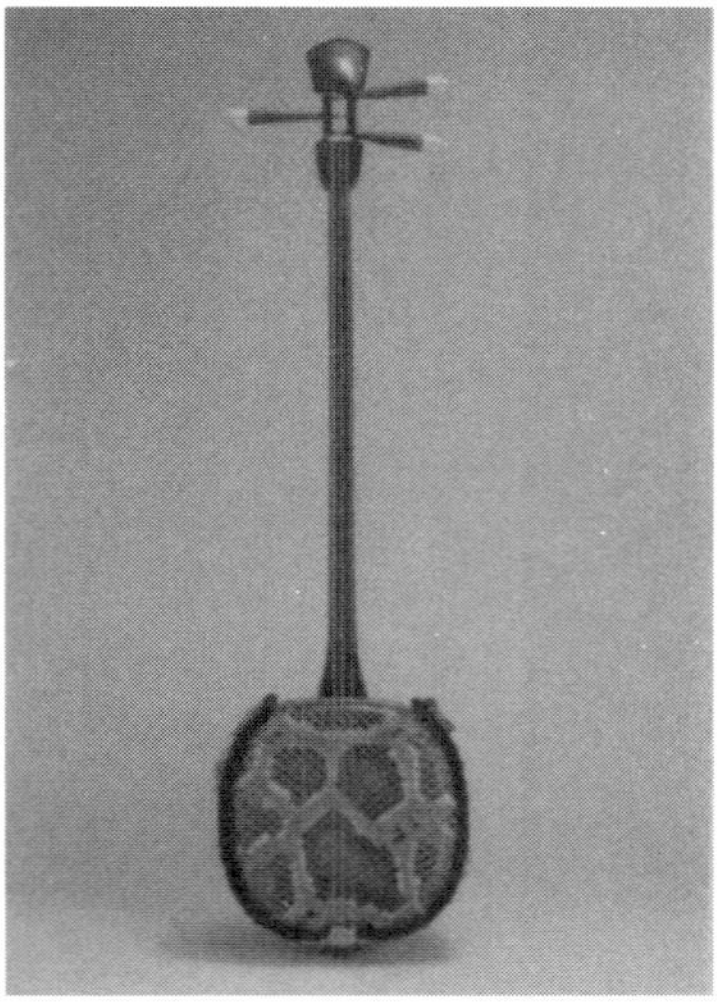
三線「江戸与那」
（県指定文化財）

戦後のハワイでこの三線を再度発見したのは、奇しくも調査研究でハワイを訪れていた東恩納寛惇やおもろ研究者の仲原善忠、琉球古典音楽家の池宮喜輝らであった。彼らの勧めもあって所有者から寄贈され、沖縄の博物館に再び戻ることができたのである。寄贈者の宜志正治は沖縄出身二世で、戦時中二世部隊の一員として沖縄戦に加わり上陸した。沖縄滞在中に地元民に頼んで三線を探させた。食料品やタバコとの物々交換である。

このような在外文化財の例は、先に紹介した米本国における吉里弘やディビス軍曹による「おもろさうし」などの沖縄の秘宝の返還がある。

在外文化財の返還

その他にも一九四七年、ハンナ少佐によってフィリピンで発見され返還された「円覚寺楼鐘」など、多くの事例がある。またそれとは別に、日本本土各地から寄贈されたり、こちらから購入したりして展示品を増やしている。

首里地元において次のような事例がある。終戦直後ある有名な屋敷の焼け跡から、傷ついた薩摩焼の「丁子風炉」が見つかり、博物館に収蔵された。しかし蓋はなかった。一九八〇年代のこと、同家で建築中に地中から蓋が見つかった。相談の結果身と蓋が四〇年ぶりに合わさった状態で、博物館で預かることになった。

まとめ

沖縄の博物館の歴史は、戦前首里城北殿に開設された「郷土博物館」の精神が、戦後住民の一部の人たちによって引き継がれたことと、米軍指導者によって啓発された部分があった。博物館活動ばかりでなく、学校教育の立て直しや芸能活動の奨励とともに戦後の混乱期の精神不安の状況から、住民を救う大きな力となりえたと思われる。豊平良顕のいう戦前の卑下する歴史・文化は、誇れる文化と目するようになったのである。今日琉球芸能が高く評価され、県外でも受け入れられているように、かつての琉球文化またはその中で培われたさまざまな要素が広く知られるようになるとともに、県民の自信に繋がるようになった、と言えるのではなかろうか。

注

(1) 『沖縄県立博物館50年史』(沖縄県立博物館　一九九六年)
(2) 『沖縄大百科事典』(沖縄タイムス社　一九八三年)
(3) 『30周年記念誌』(沖縄県立博物館　一九七六年)
(4) 川平朝申「ハンナ」(注(2)に同じ)
(5) 沖縄タイムス社(注(2)に同じ)
(6) 沖縄県立博物館(注(3)に同じ)
(7) 沖縄県立博物館(注(3)に同じ)
(8) 沖縄県立博物館(注(1)に同じ)
(9) 沖縄タイムス社(注(2)に同じ)
(10) 山里永吉「そのころの思い出」(注(3)に同じ)
(11) 大城知善「新館の思い出」(注(3)に同じ)
(12) 『沖縄の文化財』(琉球政府文化財保護委員会　一九六三年)
(13) 宜志正治の話の部分は、一九七〇年代に同氏が来館した際、筆者の聞き取りによる。

（粟国恭子作成）

〈上江洲均年譜〉＊文章中の敬称は省略

一九三七（昭和一二）年
沖縄県久米島に生まれた。

一九四五（昭和二〇）年　七歳
六月沖縄戦終戦。久米島では九月二日降伏調印。

一九五七（昭和三二）年　一九歳
琉球大学文理学部国文学科入学。
月刊誌『民話』に連載された民俗学者の宮本常一の文章に魅了され、在学中に仲間と「琉球大学民俗研究クラブ」を立ち上げ、沖縄各地の民俗調査を行なう。

一九六〇（昭和三五）年　二二歳
指導教授の中今信の助手として周辺離島（西表島他）を調査に同行。

一九六一（昭和三六）年　二三歳
三月琉球大学卒業。四月に沖縄県前原高等学校教諭赴任。六年間教壇に立つ。

一九六五（昭和四〇）年　二七歳
「沖縄民俗同好会」

一九六七（昭和四二）年　二九歳
四月開館間もない琉球政府立博物館（那覇市首里当蔵、一九六六年に開館）に学芸員として採用され、本格的な民俗調査研究がスタートする。民俗資料展示の資料収集していく。
同年琉球政府文化財保護委員会による「民俗資料緊急調査」（県内三二ヵ所）に参加。二年後に『沖縄の民俗資料Ｉ集』として刊行された。
一九六〇年代後半から、暮らしの民具の調査を行い、女性の運搬具の分類、前近代の稲の扱き箸（クーダ）や農具研究、諸職、食文化などの調査を研究展開。

一九七二（昭和四七）年　三四歳
三月「沖縄の年中行事」『アジア文化——沖縄文化特集』通巻二三号、アジア文化研究所（東京）発表。
五月一五日沖縄は日本に「復帰」する。
この頃、宮本常一の日本観光文化研究所の神崎宣武、工藤員功らと交流され、沖縄の島々の民具調査を行なっている。
一九七三（昭和四八）年　三五歳
著作『沖縄の民具』（慶友社）発刊。
一九七五（昭和五〇）年　三七歳
日本民具学会が結成され、会員となる。
一九七八（昭和五三）年　四〇歳
源武雄、仲松弥秀、福地唯方、湧上元雄の先輩たちと「沖縄民俗研究会」（一九八八年三月に沖縄民俗学会と改称）を創設、会長は湧上元雄。
一九八七（昭和六二）年　四九歳
沖縄県立博物館副館長を務める。
一九八八（昭和六三）年　五〇歳
一九九〇（平成二）年　五二歳
一〇月　日本民俗学会の沖縄大会開催（会場・沖縄県立芸術大学）の受け入れ事務局の沖縄民俗学会会長として尽力する。会長発案で大会参加記念品のシーサーループタイを沖縄民俗学会会員と手作り（与那原町宮城工房）する。
一九九一（平成三）年　五三歳
文化庁文化財保護部伝統文化課主任調査官に就任、四年間の勤務で民俗文化財の保護行政を担当する。
一九九五年（平成七）年　五七歳
名桜大学国際学部教授で教鞭を取る（二〇〇三年退官した後、名誉教授）。
二〇〇三（平成一五）年　六五歳
四月久米島自然文化センター（現・久米島博物館）の開館当時から館長を務め、生まれ島・久米島の歴史、民俗、工芸資料などの蒐集と研究を行い、若い学芸員の育成にも務められた。
二〇〇八（平成二〇）年　七〇歳
三月 久米島自然文化センター館長を退職、同センター名誉館長となる。
二〇〇九（平成二一）年　七一歳
一月二七日 第三六回伊波普猷賞受賞（沖縄タイムス社主催）、受賞作は約三五年間の沖縄民俗研究をまとめた『沖縄民俗誌Ⅰ Ⅱ Ⅲ』（榕樹書林）、受賞記念講演「『モノ』で見る民俗学」、祝辞は宮城篤正（沖縄県立芸術大学学長）。
二〇一二（平成二四）年　七四歳
一月二四日 沖縄を対象にした人文社会分野の史的研究で顕著な業績を挙げた研究者に授与される第二九回東恩納寛惇賞（琉球新報社主催）受賞。
二〇一七年（平成二九）年
一二月一七日早朝永眠。享年八〇歳。

〈主な著書〉

一九七三年　『沖縄の民具』慶友社　考古民俗叢書
一九八二年　『沖縄の暮らしと民具』慶友社　考古民俗叢書
一九八六年　『伊平屋島民俗散歩』ひるぎ社　おきなわ文庫
一九八七年　『沖縄のくらしと文化』大塚勝久写真　ポプラ社　沖縄の自然と文化シリーズ
　　　　　『南島の民俗文化 生活・祭り・技術の風景』ひるぎ社　おきなわ文庫
一九九五年　『ふるさと沖縄の民具』徳元葉子写真　沖縄文化社
二〇〇五年　『沖縄民俗誌Ⅰ・沖縄の民具と生活』榕樹書林　琉球弧叢書
二〇〇七年　『沖縄民俗誌Ⅱ・久米島の民俗文化』榕樹書林　琉球弧叢書

二〇〇八年　『沖縄民俗誌Ⅲ・沖縄の祭りと年中行事』榕樹書林　琉球孤叢書

〈共著編〉

一九八三年　『琉球諸島の民具』神崎宣武・工藤員功共著　未来社　民族文化双書
一九八五年　『日本の伝統工芸12　九州2・沖縄』編　ぎょうせい
一九九〇年　仲原善秀『久米島の歴史と民俗』編　第一書房

〈翻訳［編集］〉

一九九九年　尹紹亭『雲南農耕文化の起源　少数民族農耕具の研究』李湲訳（監訳）第一書房

初出一覧

第一章　ムラの民俗

一、沖縄の生活文化…「新体系日本史　14」（小泉和子編『生活文化史』山川出版社　二〇一四年）に加筆。

二、ムラのくらし

南島民具の特徴（原題「沖縄地域の特色・民具の特徴」）…

『国際常民文化研究叢書』９（神奈川大学国際常民文化機構　二〇一五年）

三、絣文様に見る沖縄の暮らし

四、「久米島ムニー（言葉）」断片…

沖縄タイムス「ちゅくとぅば」①～⑮（二〇〇八年七月五日～二〇日）に加筆。

五、宮本常一が見た沖縄…宮本常一著『私の日本地図８―沖縄』（中国新聞　二〇一二年八月一四日）

第二章　祭祀の世界

一、南島の来訪神…『民具研究』第１２０号（日本民具学会　一九九九年）

二、草荘神…右に同じ

三、安里盛昭著『粟国島の祭祀』に寄せて…『粟国島の祭祀』（総合企画アンリ　二〇一四年）に加筆。

第三章　屋敷内に家畜がいた頃――もう一組の家族（久米島を中心に）

第四章　シマの記録と伝承――歴史余話

一、大島征伐に出兵した久米島の男…『久米島博物館紀要』13（久米島博物館　二〇一三年）

二、琉球の歌人・狂歌師

仲尾次政隆の慶良間・久米島を詠んだ歌…『久米島博物館紀要』14号（久米島博物館　二〇一四年）

琉球狂歌師――新城ソウジュウ：『久米島博物館紀要』15号（久米島博物館　二〇一五年）
三、ソテツの話
ソテツ食のこと
「蘇鉄かぶ」のこと――久米島の古記録から：
奄美沖縄環境史研究会　安渓貴子・当山昌直編『ソテツをみなおす』（ボーダーインク　二〇一五年）
四、南島の自然災害（原題「奄美・沖縄の台風と災害」）：
『東北学』03（東北芸術工科大学東北文化研究センター　二〇一四年）に加筆。

第五章　硫黄鳥島の民俗調査
一、硫黄鳥島――歴史と自然に揺り動かされて（原題「硫黄鳥島移住の百年」）：
『沖縄県史資料13（沖縄県教育委員会　二〇〇二年）
二、久米島　鳥島集落――集落移動の民俗学：右に同じ

第六章　沖縄の文化と人々の関わり
一、『島尻教育部会　廿五年記念誌』に見る明治末の社会：『久米島博物館紀要』
二、記録に見る琉球の舟・船：岡本弘道編
『周縁の文化交渉学シリーズ5　船の文化からみた東アジア諸国の位相』
三、戦後沖縄に博物館をつくった人々――混乱期に生きた人々の活動（原題「戦後沖縄の博物館――混乱期に生きた人々の活動」）：ヨーゼフ・クライナー編『日本民族学の戦前と戦後』東京堂出版　二〇一三年）

上江洲　均（うえず　ひとし）

1937年 沖縄県久米島生まれ。
琉球大学文理学部国文科卒。
公立学校教員、県立博物館学芸員等を経て文化庁主任調査官。
名桜大学教授、久米島自然文化センター館長、沖縄民俗学会会長等を歴任。
2009年『沖縄民俗誌』全3冊で伊波普猷賞受賞。
2010年 東恩納寛惇賞受賞。
2017年12月17日 本書の刊行を見ることなく急逝。享年80歳。

主要著書：『沖縄の民具』（1979年、慶友社）、他多数。325頁参照のこと。

おきなわの民俗探訪――島と人と生活と　沖縄学術研究双書 ⑪

ISBN 978-4-89805-197-9 C0339

2018年5月10日　印刷
2018年5月15日　発行

著　者　**上 江 洲　均**
発行者　**武　石　和　実**
発行所　**榕　樹　書　林**

〒901-2211 沖縄県宜野湾市宜野湾3-2-2
TEL. 098-893-4076　FAX. 098-893-6708
E-mail：gajumaru@chive.ocn.ne.jp
郵便振替 00170-1-362904

印刷・製本 ㈲でいご印刷

琉球弧叢書⑧　ISBN978-4-947667-79-3 C1339

沖縄文化の拡がりと変貌

渡邊欣雄著　沖縄でのフィールドワーク30年を通し、民衆生活史を全アジア的視点から捉えた、独自の沖縄文化論。沖縄東海岸の東村の民俗と祭礼の変遷を通して文化の変貌をとらえていこうとする試みである。　350頁　定価：本体5,800円+税

琉球弧叢書⑩　ISBN978-4-89805-106-1 C1021

風水・暦・陰陽師 ―中国文化の辺縁としての沖縄

三浦國雄著　中国の民衆文化としての風水や易占等が、いかにして沖縄の文化に取り入れられていったかを、久米島吉浜家文書・北谷金良宗邦文書の分析を通して鮮やかに描き出す。　250頁　定価：本体4,500円+税

琉球弧叢書⑪　ISBN978-4-89805-114-6 C1021

沖縄の民具と生活 ―沖縄民俗誌Ⅰ

上江洲　均著　生活と密接な関係を持つ民具を通して、沖縄の人々の歴史や文化や生活習慣などを多角的に論究した好著。
第36回(2008年度)伊波普猷賞受賞　298頁　定価：本体4,800円+税

琉球弧叢書⑭　ISBN978-4-89805-124-5 C1339

久米島の民俗文化 ―沖縄民俗誌Ⅱ

上江洲　均著　久米島の墓制あるいは島人の姓名、そして植物と島人との関わり等を、豊富な調査によって浮かび上がらせた島嶼民俗学の成果。
第36回(2008年度)伊波普猷賞受賞　244頁　定価：本体3,800円+税

琉球弧叢書⑯　ISBN978-4-89805-127-6 C1339

沖縄の祭りと年中行事 ―沖縄民俗誌Ⅲ

上江洲　均著　地域を映す鏡としての祭りと年中行事を分類・再構成し比較検討して、行事本来の意味や、分布状況などを解明。
第36回(2008年度)伊波普猷賞受賞　248頁　定価：本体3,800円+税

琉球弧叢書⑰　ISBN978-4-89805-128-3 C1321

琉球仏教史の研究

知名定寛著　琉球の仏教の態様を綿密に分析してその姿を明らかにし、500年前の琉球が仏教王国であったことを論証、琉球史研究の未踏の領域を切り開いた著者畢生の書。
460頁　定価：本体6,400円+税

琉球弧叢書㉑　ISBN978-4-89805-143-6 C1339

奄美沖縄の火葬と葬墓制 ―変容と持続

加藤正春著　近代以降に外部から持ち込まれた火葬という葬法が、旧来の伝統的葬法の中にとりいれられていく過程を明らかにする。
第32回金城朝永賞受賞　342頁　定価：本体5,600円+税

琉球弧叢書㉒　ISBN978-4-89805-144-3 C1339

沖縄の親族・信仰・祭祀 ―社会人類学の視座から

比嘉政夫著　綿密なフィールドワークをもとに全アジア的視点から沖縄の親族構造を明らかにした遺稿論文集。　G63　302頁　定価：本体4,800円+税

琉球弧叢書㉕　ISBN978-4-89805-155-9 C1339

八重山 鳩間島民俗誌

大城公男著　そこに生れ育った者ならではの眼から、瑠璃色の八重山の海に浮かぶ星屑のような人口60人の小さな島に住む人々の生業、芸能、祭祀などを詳細に記録する。
2012年度日本地名研究所風土文化研究賞受賞　438頁　定価：本体6,400円+税